BLÄSESCHEISSER

Eine 60er Jahre Kindheit

Für ADRIANA
und all meine anderen Enkelkinder
Matteo, Lalia, Takuya und Nele

Maria Hellmann

BLÄSESCHEISSER

Eine 60er Jahre Kindheit

*Bibliografische Information der Deutschen National-
bibliothek:*
*Die Deutsche Nationalbibliothek verzeichnet diese
Publikation in der Deutschen Nationalbibliografie;
detaillierte bibliografische Daten sind im Internet
über http://dnb.dnb.de abrufbar.*

*TWENTYSIX – Der Self-Publishing-Verlag
Eine Kooperation zwischen der Verlagsgruppe Ran-
dom House und BoD – Books on Demand*

© 2018 Maria Hellmann

*Herstellung und Verlag:
BoD – Books on Demand, Norderstedt*

ISBN: 978-3-740-73591-3

Cover: **Karin Osten**

Als ich steckenblieb, wusste ich, dass sich das mit meiner heißgeliebten Kindheit erledigt hatte. Die Rinde des alten Birnbaums scheuerte an einem Busen, der sich über die langen Wintermonate von etwas Mückenstichartigem zu zwei unübersehbaren neuen Körperteilen entwickelt hatte. Ich mochte sie nicht. Vielleicht, weil sie zu schnell ihren Raum bei mir eingenommen hatten und hinderlich waren, um mich zwischen den beiden Ästen hindurchzuzwängen, was den Aufstieg zum Gipfel ermöglichte. Ich liebte diesen Platz, auch deswegen, weil sich die wenigsten getrauten, so hoch hinaufzuklettern. Von dort oben konnte ich über das Schul-dach hinweg den Rotenfels sehen, eine Felswand aus rötlichem Rhyolit (es sind häufig die komplizierten, aber auch für mein Leben belanglosen Worte, die ich mir merken kann), die uns als außergewöhnlich gelehrt wurde, weil es sich um die höchste Steilwand zwischen den Alpen und Skandinavien handele. Ich kannte weder die Alpen noch Skandinavien, und so freute ich mich umso mehr, dass wir den Rotenfels hatten, auch wenn ich ihn nicht anfassen konnte, denn wir hatten kein Auto, und der Bus fuhr nur nach Bad Kreuznach mit Haltestellen in Ebernburg und Bad Münster.

In Bad Münster stiegen wir schon mal aus, wenn wir Großen an wirklich heißen also unerträglich heißen Sommertagen, Geld für den Bus nach Bad Kreuznach bekamen, um uns dort im Schwimmbad abzukühlen. In Bad Münster gab es auch ein Schwimmbad, aber da war der Eintritt viel teurer, weil es ein Solebecken mit brauner Brühe gab und viele Kurgäste. Die billigere Busfahrkarte für den nähergelegenen Ort konnte den Gesamtpreis also nicht positiv beeinflussen, unterm Strich war für die knappe Haushaltskasse unserer Eltern Bad Kreuznach günstiger. Aber auch wir Kinder konnten rechnen. Und so stiegen wir in Bad Münster aus, gingen die letzten Kilometer zu Fuß und stellten uns später in die Schlange am Schwimmbad-Kiosk, um die zwanzig Pfennig Gewinn in Süßigkeiten umzusetzen. Ich tat mich jedes Mal schwer mit der Kaufentscheidung. Ein Eis am Stiel war verlockend, aber auch schnell weg. Die Storck-Lutscher (davon hätte ich zwei bekommen) steckten sich die meist langhaarigen Mädchen, die so gut nach Sonnenöl rochen und von Jungens verfolgt wurden, in den Bund ihrer Bikinihosen. Das fand ich total schick. Aber ich hatte keinen Bikini. Ich hatte einen hellblauen Badeanzug, der an den Beinöffnungen ausgeleiert war, und von Jungen wollte ich schon gar nicht verfolgt werden. So verbrachte ich viel Zeit vor dem Kiosk, wo es nach heißen Würstchen roch und beschlagene Cola- und Sinalco-Flaschen mit Strohhalmen über den Tresen geschoben wurden während Wespen über vollgestopften Mülleimern schwärmten und beängstigende Geräusche machten, bis ich mich nicht nur von denen bedrängt fühlte, und mir eine Schaumwaffel oder etwas anderes Blödes in die Hand drücken ließ. Darüber ärgerte ich mich umgehend, weil es mich durstig machte. Das blieb ich dann bis zu Hause, weil wir nichts zu trinken dabei hatten: vor einem laufenden Wasserhahn wäre ich damals schlicht verdurstet. Ich bekam Leitungswasser nicht runter.

Ich erinnere mich, dass ich häufig durstig war als Kind. Nicht, dass meine Eltern es darauf angelegt hätten. Morgens wurden zwei Liter Malzkaffee gekocht und beim Bauern kauften wir jeden Abend fünf Liter Milch. Ich spreche von den Zeiten, als unsere Familie das Maximum erreicht hatte und sieben Kinder versorgt werden mussten. Was am Morgen vom Malzkaffee übrig blieb, wurde mit den Resten der Milch vom Vorabend gemischt und stand in einem bauchigen Krug, aus dessen Gießtülle ein Stück ausgebrochen war auf dem Kühlschrank. Daraus konnten wir uns bedienen. Und wenn ich mit dem Turnverein zu einem Sportfest fuhr (das tat ich relativ oft, ich war eine begeisterte Leichtathletin) oder ein Wandertag anstand, musste ich mir von diesem Milchkaffee eine Plastikflasche mit Schraubverschluss füllen, der ein bunter Plastikbecher übergestülpt war, aus dem man, wenn man wollte, trinken konnte, wenn man es nicht direkt aus der Flasche tat. Wir hatten mehrere Flaschen, weil wir ja auch mehrere Kinder waren, aber alle stanken gleich. Eine Wolke aus billigem Kunststoff, saurer Milch und ein bisschen Keller drückte sich nach draußen, wenn die Reste aus dem gelben Krug über die kaputte Tülle durch die Schraubverschlussöffnung eingefüllt wurde. Dann hoffte ich schon, unterwegs keinen Durst zu bekommen, zumal ich meist im Sommer unterwegs war, und da dauerte es nicht lange, dem Flocken der Milch durch die trübe Flaschenwand zuschauen zu können. Meist bekam ich schon Durst, nur weil ich Angst hatte, überhaupt im Laufe der Abwesenheit von zu Hause Durst zu bekommen und auf den sich wandelnden Flascheninhalt angewiesen zu sein. Wenn ich Glück hatte, lag eine Zitrone im Kühlschrank, die nicht gebraucht wurde. Die durfte ich mir dann auspressen und mit Wasser und reichlich Zucker zu einer Limonade mischen. Um die Plastikflasche kam ich allerdings nicht herum.

Ob rauf oder runter, meine Befreiungsversuche im Birnbaum schmerzten, und ich weinte, aber nicht, weil der neue Busen dabei verschrammt wurde, ich weinte, weil ich spürte, dass etwas zu Ende ging und sich Neues in mein Leben drängte, worauf ich keine Lust hatte. Ich wollte mich nicht fügen, zumindest an diesem schönen Frühlingstag noch nicht, der schon einen Vorgeschmack vom Sommer lieferte. Auf den freute ich mich immer, weil wir in kurzen Hosen und mit ewig aufgeschlagenen und verschorften Knien die langen Tage im Freien verbrachten. Ohne an die Qualen des Abstiegs zu denken, kämpfte ich mich auf meinen Platz ganz oben in den mächtigen Baum, an dem noch die Blätter fehlten, aber viele Blütenknospen kurz vor der Explosion standen. Ich wischte mir mit von der Rinde geschwärzten Händen die Tränen aus dem Gesicht und schaute über den Rotenfels hinweg in den Hunsrück hinein mit dem vielen Wald, in dem sich der Schinderhannes einst versteckt hatte, weil er ein gesuchter Räuber war. Allerdings soll er ein netter Räuber gewesen sein. Trotzdem war ich damals froh, als uns im Heimatkundeunterricht vermittelt wurde, dass er schon lange tot sei. Aber selbst wenn er noch gelebt hätte, meine Angst wäre unberechtigt gewesen, denn wie schon gesagt, hatten wir kein Auto, um in das nahegelegene dicht bewaldete Mittelgebirge zu fahren, und der Bus fuhr nur in die Stadt.

Auf der Schulwiese sah ich die Mädchen aus der achten Klasse im Kreis in der Frühlingssonne sitzen. Sie waren die Großen, die noch vor den Osterferien die Schule verlassen würden, um dann jeden Morgen mit dem Sieben-Uhr-Bus in die Stadt zu fahren, weil sie Frisöse werden wollten oder Einzelhandelskauffrau oder Anwaltsgehilfin oder Krankenschwester oder irgendwo *uffm Bürro lerne* wollten. Sie hätten dann eine Monatskarte für den Bus und müssten sich nicht überlegen, ob sie es sich gerade leisten konnten, eine Fahrt in die Stadt zu machen. Bei uns zu Hause wurde immer genau überlegt, wann und vor allem, wer in die Stadt fahren durfte. Ein Warum hatte immer triftige Gründe. Nur einfach mal so war finanziell nicht drin.

Ich hatte auch einmal eine Monatskarte für den Bus, also eigentlich drei Monatskarten. Für den April, den Mai und den Juni. Da ging ich nach der vierten Klasse zum Gymnasium, das Lina-Hilger-Gymnasium. Eine Schule damals nur für Mädchen. Mein Bruder Gregor besuchte schon seit zwei Jahre das Gymnasium an der Stadtmauer. Dafür mussten meine Eltern kämpfen, weil der Dorfschullehrer meinte, dass nur der Pfarrerssohn, der vom Bürgermeister, der Sohn von den Eltern mit dem Malergeschäft und natürlich der eigene die rechte Qualifikation hätten. Wir waren ja kinderreich mit einem Vater, der Frührentner war, und somit unqualifiziert. Und weil es keine Empfehlung aus der Dorfschule gab, musste mein Bruder eine Aufnahmeprüfung machen. Die hatte er bestanden, und danach gingen meine Mutter und er in der Stadt ins Café Wonsyld und haben Kuchen gegessen. Das machte mich total neidisch, auch weil er mir genau beschrieb, dass er sich ein Schweinsohr aus gezuckertem Blätterteig genommen hatte, dessen eine Hälfte dick mit Schokolade überzogen war.

Also ich hatte nur drei Monatskarten, weil seitens des Gymnasiums nach einem Vierteljahr eine Empfehlung an meine Eltern geschickt wurde, mich doch besser wieder die Hauptschule besuchen zu lassen. Meine Art, dem Unterricht zu folgen reichte für eine weiterführende Schule offensichtlich nicht aus. Im Grunde folgte ich noch nie, sondern nahm in den ersten Jahren nur nebenbei wahr, was sich vorn abspielte, während ich nach draußen zum Birnbaum schaute und die Krähen zählte, die dort ein- und ausflogen. Aber es reichte für die Dorfschule mit dem Fräulein (wir sagten immer nur Fräulein … *das Fräulein hat gesagt … guten Morgen Fräulein …* auch wenn sie einen Namen hatte).

Ich gab die richtigen Antworten, selbst wenn ich mit meiner Freundin Petra die Puppenstube unter der Bank einrichtete und all die Personen dazu malte und ausschnitt, die dort einmal einziehen sollten. Vielleicht war meine flüchtige Aufmerksamkeit ausreichend für den geringen Anspruch. Dass man uns durchaus hätte mehr vermitteln können, zeigten mir all die Mitschülerinnen, die aus der Ringschule der Stadt in meiner neuen Klasse im Gymnasium saßen. Die kannten sich schon mit Subjekt, Prädikat und Objekt aus. Das schien mir alles sehr kompliziert, ich sah mich durchaus in der Lage, Sätze auch ohne Bauanleitung zusammenstellen zu können. Und wenn Vokabeln im Englischbuch sich auf der letzten Seite befanden, betrachtete ich das als einen Hinweis für Nebensächliches. Ich fand es einfach nur wunderbar, am frühen Morgen mit dem Bus in die Stadt zu fahren. Ganz alleine, also ohne Erwachsenen am Bahnhof auszusteigen, über die stark befahrene Brücke (zumindest empfand ich sie als stark befahren, der Verkehr in unserem Dorf hielt sich in Grenzen) die über die Gleise führte, zur Schule zu laufen und manchmal beim Betten Golling in der Mannheimerstrasse ins Schaufenster zu gucken, um mich zu wundern, was in Sachen Bettwäsche so alles möglich war. Jemals in solch bunter Bettwäsche zu schlafen, wo Vögel und Pflanzen sich auf hochwertigem Damast tummelten, schloss ich schon ganz ohne Gefühl von Anspruch von vorneherein aus. Das war nicht unsere Welt, da hatten wir keinen Zutritt. Sehnsuchtsfrei, weil undenkbar.

Auch der Pilz am Bahnhof gehörte nicht zu unserer Welt. Er war ganz neu, mit einem roten, halbkugeligen Dach und dicken weißen Punkten und einem Fenster mit Theke, über die all das gereicht wurde, was man in einem Kiosk so bekommen konnte und sogar noch viel mehr. Sie verkauften Pommes frites in Tüten mit Ketchup oder Mayonnaise, die kamen gerade in Mode, und alleine der Geruch war für mich schon Grund genug, auf dem Nachhauseweg nach der Schule immer eine Weile stehenzubleiben, ohne das Einlaufen des Busses Nummer Zehn aus den Augen zu verlieren.

Im Juli saß ich dann wieder neben Petra in der Dorfschule und alle bewunderten mich wegen meines Ausflugs, auch weil ich *window* sagen konnte anstatt Fenster.

Die Mädchen aus der Achten trugen ihre selbst genähten Schürzen mit der Stickerei am Saum. Das war die Abschlussarbeit im Handarbeitsunterricht. Bei der Stoffwahl hatte man die Möglichkeit sich für rot-weiß kariert oder blau-weiß kariert zu entscheiden. Die meisten hatten rot genommen, ich wollte mich für blau entscheiden, wenn ich im nächsten Jahr von Frau Roth gefragt werden würde.

Frau Roth war unsere Handarbeitslehrerin und die Mutter von unserem Metzger Roth. Ich weiß nicht, ob sie überhaupt eine Ausbildung hatte oder eben nur gut stricken, häkeln, nähen und sticken konnte. Ob Metzger Roth schon zu den Dorf-Honoratioren gehörte, konnte ich nicht richtig einschätzen, aber ich hatte zumindest das Gefühl, dass er zu denen gehörte, denen man Achtung entgegenbringen sollte. Ich schwärmte fast ein bisschen für ihn, er schien immer gut gelaunt, und ich wartete, dass ich seinen gold gerahmten Schneidezahn blitzen sah, wenn er lachte. Der Glanz seiner mit Pomade nach hinten gekämmten schwarzen Haare stand in völligem Gegensatz zur blutverschmierten Schürze, die mich immer etwas verschreckte, weil es meine Vorstellungskraft übertraf, dass ein so netter Mann einem Tier den Hals durchschneiden konnte.

Willsche e Sticksche Woscht? Darauf sagte ich nie nein.

Irgendwann hat er dann geheiratet, eine Frau aus einer Zeitungsannonce oder von einem Vermittlerbüro wurde gemunkelt, eine Fremde, die eine Tochter mit in die Ehe brachte. Kann sein, dass das etwas an seiner >Dorfstellung< rüttelte, denn es wurde getuschelt, und auch ich stand die ersten Wochen nur mit gesenktem Kopf vor der Theke. Da war so eine Beklemmung, wie ich sie auch Bärbel aus dem Turnverein gegenüber hatte, deren Eltern geschieden waren, oder gegenüber Frau Siefert aus dem ersten Haus unserer Siedlungsreihe, die Brustkrebs haben sollte.

Frau Roth war alt und hatte graue, in Wellen gelegte Haare. Natürlich trug sie Selbstgestricktes (als ich mich mit dem Frühstücksbeutelchen aus mintfarbener Baumwolle mit einem Fünfernadelsatz durch die Musterfolge quälte, konnte ich mir nicht vorstellen, einen ganzen Pullover zu Ende zu bringen!) und sah immer sehr schick aus, war aber streng. Wenn wir ein paar Reihen selbstständig vor uns hergestickt, gestrickt oder gehäkelt hatten, mussten wir uns hintereinander aufstellen, damit sie, am Lehrerpult thronend, ihr fachmännisches Auge darauf werfen konnte. Wir mussten ganz gehorsam in der Reihe stehen, auch wenn ich es kaum aushalten konnte, meinem Vordermann nicht die Strick- oder Häkelnadel in den Rücken zu bohren. Wir standen dann so still wie bei einer Schul-Reihenimpfung, wo jeder von uns die Hosen voll hatte, wenn er nach ganz vorn aufgerückt war. Auch wenn Frau Roth nicht selten das Geleistete wieder aufribbelte oder das Stickgarn aus dem zerknautschten Aidastoff zog, an eine Impfung kam das lange nicht ran und irgendwann wurde auch aus meinem zur Trapezform neigenden Häkelwerk ein quadratischer Topflappen.

Jeder Jahrgang produzierte, ohne Abweichungen vom Stricklieselzopf über ein Nadelbüchlein, den Pausenbrotbeutel und einem Handarbeitstäschlein bis hin zur Abschlussschürze immer wieder dasselbe. Frau Roth musste zu Hause einen unerschöpflichen Vorrat an Aidastoffen in den Farben hellblau, rot und beige, Stickgarne der Firma MEZ, Baumwolle zum Verhäkeln und Verstricken und Karo-Meterware eingelagert gehabt haben. Wer nicht von Haus aus das Werkzeug mitbringen konnte, wurde auch damit von ihr versorgt. Die Häkel- und Stricknadeln waren von INOX, *garantiert rostfrei*. Aber die Schweißhände meiner Freundin Petra brachten neben Reißverschlüssen und dem Notgroschen in ihrem Federmäppchen auch dieses Qualitätsprodukt zum Oxidieren. Bei uns gingen die Nadeln ziemlich häufig verloren. Dann gab es richtig Ärger. Mein Vater saß mit aufgestütztem Kopf am Schreibtisch und stöhnte wegen all der Ausgaben und wenn dann auch noch vierzig Zentimeter mal zwanzig Zentimeter Aidastoff zum Besticken anstand, hatte ich schon Angst, den Preis zu diesen Maßen zu erwähnen.

Mein Vater stützte häufig seinen Kopf auf. Meist am Nachmittag, nachdem er die Geschirrberge in der Küche bewältigt hatte, und wir Kinder unsere Hausaufgabenplätze im Wohnzimmer geräumt hatten. Dann nahm er sich den Schreibtischstuhl und schob ihn zur Terrassentür. Den linken Arm über den Bauch verschränkt, und die rechte Hand unter das Kinn geschoben, schaute er in den Garten. Er würde nachdenken, sagte er mir, als ich einmal fragte, warum er nur so rum sitzen würde. Wenn er dann vom vielen Nachdenken müde wurde, fielen ihm die Augen zu, das heißt, eigentlich nur das rechte, beim linken drückte er mit dem Zeigefinger das von Augensalbe tropfende Lid nach unten. Das konnte er nicht mehr alleine schließen, und die ölige Augensalbe sollte es vor dem Austrocknen schützen. Seine komplette linke Körperhälfte funktionierte nicht mehr richtig, nachdem man ihm einen Tumor aus dem Kopf operieren musste. So hatte er einen schiefen Mund, einen schlaffen Arm und ein wackeliges Bein, mit dem er nicht mehr laufen konnte, ohne sich irgendwo festzuhalten.

Wenn wir gelegentlich bei schönem Wetter einen karawanenähnlichen Sonntagsspaziergang machten, schob mein Vater immer den Kinderwagen (der stand bei uns jahrelang zur Verfügung), was Väter seinerzeit niemals freiwillig taten. Aber mein Vater tat es ja auch nicht freiwillig, und ich weiß nicht, ob er überhaupt freiwillig kochte und mit Begeisterung die Wäscheberge wegbügelte. Aber ich weiß, dass er gerne Marmeladen rührte und über zweihundert Gläser im Jahr füllte, wobei jedes einzelne mit einem feuchten Cellophanquadrat, von einem Gummiring fixiert, überspannt wurde. Die Bewegung, wie er mit beiden Händen die in Wasser eingeweichte Folie über die heiße Glasöffnung strich, habe ich heute noch vor Augen. Waren die Gläser abgekühlt, spannte sich das Cellophan trommelhart und beulte sich nach innen. Da sollte ich die Finger davon lassen, was mir selten gelang. Auf die erkalteten Gläser klebte er unleserliche Etiketten. Mit seinem Gekrakel hätte ich auf dem Zeugnis in ›Schrift‹ immer eine Sechs kassiert. So orientierten wir uns an der Farbe, wenn wir ein neues Glas aus dem Keller holen sollten. Dort standen die eingekochten Vorräte in Regalen aufgereiht, die er aus gestapelten Hohlblockziegeln und Baubrettern nicht ohne Stolz selbst konstruiert hatte. Mein Vater legte generell gerne Vorräte an und ich verstand nie, warum wir so viel Salz ganz oben im Speiseschrank hatten. Dann sprach er von der vergangenen Koreakrise, wobei ich weder eine Vorstellung von Korea noch von einer Krise hatte. Jeden Abend steckte auf dem länglichen Terminkalender im Schreibtisch hinter einer Büroklammer ein Einkaufszettel für den nächsten Tag mit den Konstanten:

1 Gelfix (Rücklagen für die Marmeladensaison)

1 Kilo Zucker (Rücklagen für die Marmeladensaison und Blick auf die Weihnachtsbäckerei)
1 Reichenhaller Salz (es musste Reichenhaller sein! Angst vor einer zweiten Koreakrise?)
1 Pfund Mehl (auch mit Blick auf die Weihnachtsbäckerei)
1 Vierpfundbrot von gestern
500 Gramm Rama

Die Rama wurde nicht wegen der Koreakrise ganz nach oben gestellt, die wurde an einem Tag aufgegessen, zusammen mit dem *Vier-Pfund-Brot von gestern*. Der Bäcker hat sich sicherlich über den Großabnehmer für Altbrot gefreut. Nur manchmal mussten wir ein Frisches nehmen, weil es keines *von gestern* mehr gab. Dann wurde beim Abendessen wenig gesprochen und viel gegessen, bis mein Vater das Brot im Brotkasten verschwinden ließ. Er musste die knappen Finanzen zusammenhalten, denn seit man bei ihm diesen gutartigen Hirntumor diagnostiziert hatte, welcher etliche Krankenhausaufenthalte nach sich gezogen hatte, war er Frührentner. Ein Wort, das ich benutzte, wie andere Bauer, Maurer, Elektriker oder *bei de Seitzwerge in Kreiznach*, wenn in der Schule nach den Berufen der Väter gefragt wurde. Was er denn vorher gewesen wäre, wurde dann meist nachgefragt. Mit *Schauspieler* konnte man im Dorf offensichtlich wenig anfangen. Irgendwann erfuhren auch wir, dass mein Vater ein Zirkusartist gewesen sei, der durch einen Sturz vom Seil das Augenlicht verloren hatte.

Ich fand es ziemlich doof, dass mein Vater Schauspieler war. Er ging abends zur Arbeit (in das Staatstheater Karlsruhe), wenn die anderen Väter nach Hause kamen und ihre Kinder begrüßten, die auf dem Rasenstück vor dem Haus spielten. Die fragten dann nach *Hasenbrot* und bekamen die in fettigem Butterbrotpapier eingewickelten Reste vom Proviant, den die Väter am Morgen mitgenommen hatten. Allerdings waren die meisten Väter aus unserem Haus beschädigt. Manchmal fehlte ein Arm oder ein Bein, und es gab einen mit einer Augenklappe. Das seien Kriegsversehrte, erklärten meine Eltern und von da an hatte ich Angst vor dem Krieg (auch wenn er schon fünfzehn Jahre vorbei war, wie man mir versicherte) und vor den amerikanischen Soldaten mit ihren Gewehren, die in der Kaserne, nicht weit von der Straßenbahnhaltestelle wohnten.

Obwohl mein Vater nicht kriegsversehrt war (Kriegsversehrte wurden bevorzugt), bekamen wir in dem Haus am Hirtenweg eine Wohnung im vierten Stock eines von sieben identischen grauen Nachkriegsbauten mit zwei Hauseingängen und Balkonen auf der Rückseite. Meine Eltern waren überglücklich nach Jahren der Untermiete in der Heidelberger Altstadt, wo sie mit einem alten Lederkoffer als Tisch ihre Ehe starteten und mit meinem Bruder Gregor und mir die Grundsteine für eine kinderreiche Familie legten.

Schwarzweißer Terrazzo zog sich von unten nach oben über vier Etagen durchs Treppenhaus, flankiert von einem Geländer mit schwarzem Handlauf, auf dem der Herbert (der ging schon zur Schule) aus dem dritten Stock immer runterrutschte. Wenn ich mal zur Schule ginge, dann könnte ich vom vierten Stock aus runterrutschen. Ein Vorteil, den ich schon mit vier Jahren erkannte, mich aber aktuell darauf konzentrierte, dem Klingelknopf entgegenzuwachsen, die Voraussetzung, alleine zum Spielen nach draußen gehen zu dürfen. Ich habe mich monatelang hartnäckig gestreckt, um zu probieren, wann ich endlich groß sein würde, und dabei nicht nur einmal Herberts Mutter aus dem dritten Stock verärgert, die jedes Mal schimpfte, wenn ich sie versehentlich rausklingelte. Dann rief meine Mutter ihre Entschuldigungen durch das Treppenhaus, während sie den Kinderwagen, in dem meine Schwester Johanna lag, durch die Eingangstür bugsierte. Eigentlich schimpfte Herberts Mutter fast immer, auch wenn ich nicht ihren Klingelknopf drückte, das konnte ich durch ihre Wohnungstür hören, wenn wir auf dem Weg nach oben daran vorbeigingen. Dann hatte meine Mutter Johanna auf dem Arm und Gregor und ich schleppten von den Einkäufen, so viel wir tragen konnten. Den Rest holte meine Mutter, nachdem sie Johanna in den Stubenwagen mit dem weißen Himmel gelegt hatte.

»Ihr macht nicht die Haustür auf, ich bin gleich wieder da!«

Der Stubenwagen war eigentlich der Korb für die Bügelwäsche. Wenn sich die woanders ansammelte, und meine Mutter den Volant mit dem Blümchenmuster mit groben Stichen und viel Geschrei (meine Mutter schreit immer, wenn etwas nicht auf Anhieb klappt) am äußeren Rand befestigte, dann war das ein klares Zeichen, dass es bald wieder ein Baby geben würde. Der fahrbare Untersatz wurde aus dem Keller geholt, und solange der Korb nicht aufgeschraubt war, schoben wir Kinder uns mit Begeisterung auf dem Gestell mit den vier Holzrädern durch die Wohnung. Ob ein Teil der Begeisterung dem zu erwartenden Familienzuwachs galt, daran kann ich mich nicht mehr erinnern.

Ohne Zehenspitzen ging es noch nicht, aber es ging ohne Gezeter von Herberts Mutter. Ich war viereinhalb, als ich endlich groß war und zusammen mit meinem Bruder nach draußen durfte. Der erklärte mir auf dem Weg nach unten die Regeln: Jungen spielen nicht mit Mädchen!

Das konnte ich nicht wirklich verstehen, denn wenn wir in der Wohnung waren, spielte er immer mit mir.

»Das sind Draußenregeln, komm bloß nicht in unsere Nähe!«

Und so steckte ich mir meine eigene Welt ab. Das kleine Rasenstück rechts vom Eingang wenn man aus dem Haus kam, die Wildrosenhecke, die an den Bürgersteig grenzte und die Teppichstange, die sich zwischen zwei Wohnblöcken befand. Ich hatte die linke Seite vom Weg zum Eingang gewählt, weil sich auf dieser Seite unsere Wohnung befand, denn ich fühlte mich sicherer unter dem Küchenfenster, aus dem meine Mutter anfänglich immer mal wieder rausschaute und meinen Namen rief. An den ersten Tagen habe ich alle zehn Minuten geklingelt. Dann war es meine Mutter, die von oben ihr *rein oder raus* durchs Treppenhaus schimpfte und ich bei offen gehaltener Haustür ein *ich bleib noch ein bisschen* von unten nach oben brüllte.

In der Zeit dazwischen kümmerte ich mich um meinen Frisörsalon (Grasbüschel waren meine Kunden), bezog meine Wohnung unter der Wildrosenhecke, versuchte an der Teppichstange hochzuklettern oder lag auf dem Rücken und schaute in die Wolken, die mit immer neuen Bildern über mich hinwegzogen und Material für meine Fantasie lieferten.

Die wuchs mit mir, und irgendwann musste ich auch nicht mehr auf den Zehenspitzen stehen, um an die Klingel zu kommen.

Für Wolkenbilder brauchte ich nicht immer in den Himmel gucken, es reichte, auf dem Gästeklo (wir hatten eigentlich wenige Gäste) in unserem Haus in dem Dorf mit dem Blick auf den Rotenfels zu sitzen und auf die grau-senfgelben abstrakt gemusterten Fliesen zu starren. Ich wurde sie nie los, die Frau mit der Hochfrisur und den Hund, bei dem gerade ein Stück vom Schwanz abzubrechen schien. Ignorieren ging nicht, sie haben mich über Jahre terrorisiert, haben meinen Blick magnetisch immer wieder zu sich hingezogen und meiner Fantasie keinen Raum für Alternativen gelassen. Die Toilette oben im Badezimmer wäre keine Lösung gewesen, dem Terror zu entkommen. Dort stand der mit Kohle zu befeuernde Badeofen am Fuß der Wanne mit dem unübersehbaren Aufkleber *Kaldewei garantiert von innen und außen emailliert.* Es kam einer Zwangshandlung gleich, diesen auf Qualität hinweisenden Satz gebetsmühlenartig im Stillen aufzusagen, so wie ich auch nicht das Wohnzimmer betreten konnte, ohne den Buchtitel *Der Fragebogen. Von Ernst von Salomon* runterzubeten, der in den Farben schwarz, weiß und orange aus dem Buchregal unter dem Fenster herausleuchtete. (Als ich viele Jahre später als erwachsene Frau im Haus der Geschichte in Bonn, in einem nachgestellten Wohnzimmer der Sechzigerjahre eben dieses Buch als Zeitzeugen-Accessoire entdeckte, fühlte ich mich trotz nicht zu unterdrückendem Schmunzeln unverändert verfolgt).

ses Buch als Zeitzeugen-Accessoire entdeckte, fühlte ich mich trotz nicht zu unterdrückendem Schmunzeln unverändert verfolgt).

Meine kleine Welt am Hirtenweg 14 gehörte nicht immer mir alleine. Es waren die Schulkinder, die an den Nachmittagen nach draußen kamen, Hickelkästchen mit Kreidesteinen auf den Bürgersteig malten und darin herumhüpften. Zum Bürgersteig durfte ich nicht, denn danach kamen der Fahrradweg und dann die Straße, auf der gelegentlich Autos fuhren. Auf dem Fahrradweg war eigentlich viel mehr Verkehr als auf der Straße. In unserem Haus hatte nur der Opa von Wolfi ein Auto, ein graues Goggomobil mit einem weißen Dach. Mit dem fuhr er zur Arbeit. Mein Vater fuhr mit der Straßenbahn zur Arbeit. Zu Fuß wäre es zu weit gewesen, wir wohnten am Stadtrand von Karlsruhe.

Wolfi war noch kein Schulkind, und er ging, genauso wie mein Bruder und ich, auch nicht in den Kindergarten. Mit Wolfi wollten die anderen Jungen nicht spielen, und so wurde er ein Freund für mich. Tagsüber passte die Oma auf ihn auf, weil seine Mutter und der Opa Geld verdienen mussten. Einen Papa gab es nicht. Die Oma machte selten das Küchenfenster auf, um *Wolfi* zu rufen. Mit Wolfi wechselte ich gelegentlich auch auf die andere Seite des Eingangs, denn unter dem Fenster von Herrn Bläse gab es ein quadratisches unbepflanztes Stück Erde, das wir als Sandkasten nutzten. Das mochte Herr Bläse gar nicht.

Er mochte auch keine Kinder und wenn es *ihm zu bunt wurde*, wie er immer schimpfte, goss er uns, ungeachtet der Jahreszeit, ein Glas Wasser auf die Köpfe. Ich hatte Herrn Bläse nie auf der Straße gesehen, er schaute immer nur aus dem Fenster neben dem Hauseingang, die verschränkten Arme auf einem Kissen.

»Vielleicht ist er auch kriegsversehrt«, sagte ich zu Wolfi, »und hat keine Beine mehr.«

Wolfi meinte, dass wir klingeln sollten und beobachten, ob er vom Fenster verschwindet.

Er verschwand nicht, aber der Türöffner summte, während er seinen Kopf nach drinnen drehte und fragte, wer denn da sei.

Das wiederholten wir, wann immer wir aus dem *Sandkasten* vertrieben wurden. Von Wolfi lernte ich das Wort *Rache*. Wir drückten die Klingel, rannten um die Häuserecke und fühlten uns stark wie die amerikanischen Soldaten, die mit Gewehren auf den Lastwagen saßen und manchmal an unserem Haus vorbeifuhren. Während wir wegrannten, riefen wir *Bläsescheißer,* zweimal oder dreimal hintereinander, bis wir auf der sicheren Hausseite waren, wo wir uns ganz außer Atem, mit den Händen auf dem Rücken an die raue Hauswand lehnten. Wir lachten trotz der Drohung, dass er alles unseren Müttern erzählen wolle. Das tat Herr Bläse dann auch, allerdings nur meiner Mutter, und die sprach dann mit mir. Ich versuchte meine Schuld zu halbieren, und die andere Hälfte Wolfi anzulasten. Aber unter den Kriegsversehrten im Haus schien es einen besonderen Zusammenhalt zu geben. Herr Bläse sah mich als Einzeltäter und so ge-

hörte die Schuld mir ganz alleine, die ein absolutes
Spielverbot mit Wolfi nach sich zog.

So ganz ohne Wolfi fand ich es ziemlich langweilig und wollte in den Kindergarten. Der evangelische Kindergarten lag ganz in der Nähe, man musste den Fußweg am Kiosk vorbei ein Stück weiter gehen und eine Straße überqueren. Meine Mutter meldete Gregor und mich an und wir bekamen eine Kindergartentasche, in die unsere Vesper (die Kindergärtnerinnen sagten immer, jetzt dürft ihr eure Vesper auspacken) reinkam. Die Kindergärtnerinnen hießen Schwester Luise und Schwester Liesel und hatten immer dasselbe an. Graue lange Kleider und eine Haube mit Stoffschleier auf dem Kopf. Wir machten auch immer dasselbe, saßen an den Tischchen und steckten Plastikgitterchen zusammen oder malten. Wir mussten immer sitzen bleiben, Luise und Liesel hatten es nicht gerne, wenn wir rumliefen. Gregor lief wohl zuviel rum, den haben sie mit einem Strick am Stuhl festgebunden. Als meine Mutter davon erfuhr, hat sie uns sofort wieder abgemeldet. Wir waren nur ein paar Wochen Kindergartenkinder. Das Anmeldeheftchen hat meine Mutter aufgehoben.

Liebe Eltern, liebe Mütter!
Ihr vertraut uns mit Euren Kindern das Beste an, was ein Mensch sein eigen nennen kann, sagt doch selbst unser Herr Christus von diesen Kleinen: »Ihre

*Engel sehen allezeit das Angesicht meines Vaters im Himmel«. Wir wollen Euch von Herzen gerne und mit Freuden helfen, dieses kostbare Gut zu bewahren. Rein äußerlich gesehen geht es zunächst um die Bewahrung. Es wäre uns eine schmerzliche Tatsache, wenn wir Euch eines Tages Eure Kinder nicht wohlbehalten zurückgeben dürften. Aber schickt Ihr nur darum Eure Kinder in den Kindergarten? Ihr erwartet doch hoffentlich **mehr**; nämlich die Ergänzung zu Eurer Erziehung daheim! Diese Erziehung vollzieht sich bei uns im Kreise der vielen Spielkameraden zwar nicht von selbst, aber meist unbewusst und eben in der Form, wie sie dem Kleinkind eigen ist: bei fröhlichem Spiel und Gestalten und im persönlichen Erlebnis der großen und kleinen Dinge. Wir würden aber unsere Aufgabe als evangelischer Kindergarten schlecht erfüllen, wenn wir nicht das ganze Leben und Erleben des Kindes in lebendige Beziehung zu unserem christlichen Glauben bringen und nach dem Auftrag handeln würden: »Weiset meine Kinder und das Werk meiner Hände zu mir«.*

Eure Kleinen werden ja so viel vom Kindergarten erzählen, dass Ihr gut im Bilde seid, was wir tun und wie wir es halten. Wir freuen uns darüber, wenn auf diese Weise ein enges Band zwischen Elternhaus und Kindergarten geknüpft wird. Diese Verbundenheit zu pflegen ist uns ein besonderes Anliegen. Zu diesem Zweck stehen wir Euch gerne außerhalb unserer Dienstzeit zur Verfügung und kommen an Mütterabenden zu gegenseitigen Aussprachen zusammen. Es gibt doch so vieles, was uns im Blick auf unsere Kleinen bewegt und ebenso vieles, wovon sie bewegt sind. Wir wollen euch helfen und alles tun, dass Eure Kinder auch heute noch ein echtes Kinderleben haben und zu lebenstüchtigen Menschen heranwachsen.

Die Kinder müssen sauber gekleidet, gewaschen und gekämmt in den Kindergarten geschickt werden und ein Taschentuch bei sich haben.

Ohne Kindergarten traf ich mich wieder mit Wolfi. Heimlich. Das Spielverbot ließ sich an der Stirnseite unseres Wohnblocks umgehen, weg vom Küchenfenster.

Wir erklärten das Gebiet um die Teppichstange zu unserem Lager, das wir nie verteidigen mussten, weil es niemanden gab, der Anspruch geltend machte. Die Teppichstange taugte nicht zum Fußballtor, dazu gab es zu wenig Platz drum herum, der *Feind* kickte auf den großen Rasenflächen, die sich hinter den Häusern befanden. Dort gab es jede Menge Teppichstangen und jede Teppichstange markierte ein Revier. Wir Kinder bestimmten, welches Revier wem gehörte. Nein, eigentlich waren es die Mütter, die den Staub aus den Teppichen klopften. Dort, wo die Mutter klopfte, war man zuhause.

Wolfi und ich konnten also ungestört spielen, wenn nicht gerade ein Teppich über der Stange hing.

Eines Tages hing ich an der Stange. Ich hatte es geschafft alleine hochzuklettern. Meine kleinen Hände umklammerten das Metall entsprechend unvollständig, ich hing sozusagen am seidenen Faden. Der riss, als Wolfi mich trotz lautem Protest anschubste und ich mit ausgestreckten Armen auf die steinerne Umrandung eines Wildrosenbeetes knallte.

Der rechte Arm war seltsam abgeknickt, das schien auch Wolfi so zu sehen, und wenn Kinder etwas kaputt gemacht haben, hauen sie gerne ab.

Ich heulte und drückte die Klingel mit Links, noch nicht ahnend, dass Unfälle auch ihre guten Seiten haben können.

Meine Mutter sprach vom Krankenhaus und umgehend mit der Nachbarin, einer Kriegswitwe ohne Mann, aber mit Telefon. Damit rief sie uns ein Taxi, nahm Johanna auf den Arm und schob Gregor mit dem anderen in ihre Wohnung.

Ich bekam einen Gips, ganz ohne Spritze, die ich so fürchtete, und durfte mir etwas wünschen. Ohne Weihnachten oder Geburtstag, ich durfte mir einfach so etwas wünschen! Ich wünschte mir eine Babypuppe mit einem Loch im Mund und einem im Po. Das waren Kunststoffpuppen, deren Geschlecht über die Farbe der Plastikwanne definiert wurde, in der sie lagen. Ich nahm die in der rosafarbenen Wanne und war glücklich und auch stolz auf meinen Gipsarm. Gregor war, glaube ich neidisch, allerdings nicht auf die Babypuppe.

Später habe ich verbotenerweise Reste aus Johannas Milchfläschchen verfüttert, die ganz offensichtlich nicht wie erwartet *verdaut* wurden. Als der Gestank unerträglich wurde, kam die Puppe in den Müll.

Während mir das Blut aus der Nase schoss, wünschte ich mir eine Puppe mit Haaren. Ich lag auf den unteren Stufen des Treppenhauses, auf denen ich abwechselnd von einem aufs andere Bein gesprungen war, ohne mich wirklich weiter nach oben zu bewegen, weil ich warten sollte, bis meine Mutter den Kinderwagen am Kellereingang abgestellt hatte. Mit dem Gesicht schlug ich auf der Kante auf und meine Nase hatte eine Delle. Das viele Blut und mein Geschrei erschreckten meine Mutter, die mit der kleinen Johanna auf dem Arm um die Ecke kam, so sehr, dass ich mir berechtigt Hoffnung auf eine Fahrt mit dem Taxi, eine Gipsnase und auf einen freien Wunsch machen konnte. Eine Puppe mit Haaren.

Mein Vater war im Theater zur Probe, die Nachbarin ohne Mann, aber mit Telefon kümmerte sich wie beim letzten Mal.

Im Krankenhaus setzte man mich auf einen Stuhl und band mir eine stinkende übergroße Gummischürze um. Eine Krankenschwester hielt meinen Kopf und ein Arzt schob ohne tröstende Worte je einen metallenen Stab in meine Nasenlöcher. Dann drückte und drehte er während ich schrie und die Gummischürze einen Sinn bekam.

An der Hand meiner Mutter und mit einer in Mull und Hansaplast eingepackten Nase, von restlichem

Schluchzen geschüttelt, suchten wir das nächste Spielwarengeschäft in Krankenhausnähe auf.

Ich nannte sie Astrid. Sie trug einen blauen Faltenrock, eine weiße Bluse mit Kragen und rote Lackschuhe aus Plastik. Die Haare waren dunkelbraun und lockig (aber leider kurz) und sie hatte Schlafaugen, die zuklappten, wenn man sie hinlegte. Ich drückte Astrid glücklich ans Straßenbahnfenster und zeigte ihr alles, was man im Vorbeifahren sehen konnte, nachdem ich sie aus dem Karton befreit hatte, in dem sie festgebunden war.

Beim Gutenachtsagen stand meine Mutter länger an meinem Bett als sonst. Sie wünschte mir gute Besserung und gab auch Astrid einen Kuss, die neben mir auf dem Kopfkissen lag.

Den Zauberkasten wünschte ich mir, als mich die fremde Frau zu meiner Mutter brachte. Ich hatte einen Unfall mit Gregors Roller, den ich ausnahmsweise benutzen durfte. Es war ein roter Roller der Marke PUKY mit Luftreifen und Gepäckträger. Die Endstücke der Schutzkappen vom Lenker waren an beiden Seiten abgebrochen, man konnte seine Finger in das hohle Metallrohr stecken. Ich stürzte und fiel mit der Stirn direkt auf das offene Metallrohr. Genau zwischen den Augen klaffte eine Wunde, aus der sich das Blut über mein ganzes Gesicht verteilte.

»Ich kann nichts mehr sehen!«, brüllte ich, was die fremde Frau veranlasste, mich zu fragen, wo ich wohne.
Die eintrainierten Daten folgten auf Abruf.

»Sie sieht nichts mehr …!«, rief die fremde Frau durchs Treppenhaus nach oben. Meine Mutter weinte, als sie mir das Blut mit einem Waschlappen wegtupfte und meine unversehrten Augen freilegen konnte. Die Wunde musste genäht werden. Irgendwie war die Nachbarin mit dem Telefon immer zu Hause.

Wenn ich mit meiner Mutter zum Milchmann und zum Bäcker ging (beim Milchmann konnte ich stundenlang zuschauen, wie mit einem Hebel die gewünschte Milchmenge nach oben gepumpt wurde, die sich dann schäumend in unsere Milchkanne ergoss), kamen wir an einem Schreibwarenladen vorbei, in dessen Schaufenster neben Stiften, Füllern und Grußkarten auch immer ein paar Spielsachen lagen. Selbst bei Regen konnte man stehenbleiben, weil vor allen Geschäften der Bürgersteig überdacht war. Meine Mutter hatte nie so viel Zeit, wie ich gebrauchen konnte, aber es reichte, ihr mitzuteilen, dass ich beim nächsten Unfall gerne die Kinderpost hätte.

Der fast abgerissene Zehennagel vom rechten Fuß (meine Hudora Rollschuhe wurden vorne nur noch von zwei Einmachgummis festgehalten) wurde nicht als Unfall gewertet. Da gab es lediglich ein Pflaster und ein bisschen Trost, aber keinen freien Wunsch. Dabei hätte ich den dringend gebraucht, ich wollte einen Hula Hoop Reifen. Ich trauerte lange, da war das Pflaster am dicken Zeh schon weg.

Den Hula Hoop Reifen bekam ich dann doch noch und sogar ganz ohne Unfall. Den sollte ich mir an der Straßenbahnhaltestelle abholen. Das hat mir meine Mutter aber nicht verraten. Sie sagte nur, ich solle den Papa abholen. Der kam von den Proben.

Ich hatte noch nie meinen Vater von der Straßenbahnhaltestelle abgeholt, deshalb verstand ich auch nicht, warum ich es plötzlich tun sollte. Außerdem hatte ich gar keine Lust nach draußen zu gehen, denn da waren die Mädchen mit ihren Hula Hoop Reifen. Ich hatte keinen, aber ab und zu bekam ich einen ausgeliehen. Ich war gut. Ich konnte ihn länger auf der Hüfte halten, als alle anderen. So lange konnte nicht einmal eines von den Mädchen zählen. Ich konnte den Reifen auch mit dem Hals drehen und mit den Armen.

Jeden Tag habe ich zu Hause gebettelt. Auf Weihnachten oder Geburtstag wollte ich nicht warten, dann wäre es Winter. Ich wollte den Hula Hoop Reifen im Sommer haben.

Meine Mutter hatte Eva auf dem Schoß und fütterte sie mit Zwieback-Apfel-Brei. Normalerweise habe ich die Apfelschale gegessen und auf die Breireste gelauert. Die Apfelschalen lagen noch aufgeringelt auf dem Schneidebrett. Mein Kopf lag neben dem Schneidebrett und auf dem Kopf lagen meine Hände.

Warum ich bei dem schönen Wetter nicht rausginge, fragte meine Mutter. Ich fand das eine blöde Frage, sie wusste genau, warum ich schlecht gelaunt in der Küche saß.

Ich ginge erst wieder nach draußen, wenn ich einen Hula Hoop Reifen hätte, maulte ich zurück.

Und dann kam der Vorschlag, dass ich meinen Vater von der Straßenbahnhaltestelle abholen sollte. Nur weil sie etwas von einer Überraschung sagte, bin ich doch losgelaufen. An einen Hula Hoop Reifen habe ich nicht gedacht. Den sah ich dann schon durchs Fenster, weil ihn mein Vater über seinem Kopf durch die drängelnde Menge bugsieren musste. Ich hörte gar nicht mehr auf zu hüpfen und klatschte dabei in die Hände.

Er war weiß und hatte rote und blaue Streifen. Ich habe meinem Vater auf dem Nachhauseweg alles gezeigt, was ich konnte. Er musste dauernd stehen bleiben. Da seid ihr ja endlich, sagte meine Mutter und ich glaube, sie hat sich genauso gefreut, wie ich. Fast.

Ich erinnere mich nicht mehr, warum mir Gregor seinen roten Roller überlassen hatte. Vielleicht, weil er mir beim Murmelspielen meine schönsten Glaser abgeluchst hatte und sein schlechtes Gewissen drückte, als er mich deprimiert davontrotteten sah. Normalerweise gab er seinen Roller nur mit Aussicht auf eine Gegenleistung her. Das Wernerle durfte häufiger auf dem Bürgersteig bis zum Kiosk fahren und wieder zurück. Das Wernerle war Gregors Freund und hatte keinen Roller, dafür aber fast immer einen Kaugummi im Mund. Kaugummi gab es bei uns nicht. Meine Eltern sagten, Kaugummi kauen die Amerikaner aus der Kaserne und schlechte Menschen. Das Wernerle war kein schlechter Mensch, aber es lief ihm ständig der Rotz aus der Nase, und weil er kein Taschentuch hatte, schleckte er sich pausenlos über die verkleckerten Lippen. Dann kaute er weiter. Wenn er aber mit dem Roller fuhr, kaute mein Bruder seinen Kaugummi. Das fand ich ekelig. Ich konnte nicht einmal aus Gregors Blechbecher trinken, wenn er schon mit dem Mund dran gewesen war. Dabei fand ich seinen Becher besonders schön. Da waren die Bremer Stadtmusikanten auf der beigen Emaille. Auf meinem waren nur ein Baum und ein Fliegenpilz. Dafür befanden sich auf meinem Teller Rotkäppchen und der Wolf. Dem Rot käppchen fehlte das Gesicht. Das war abgesprungen, als der Teller beim Abtrocknen auf den Boden gefallen war. Es gab nur noch einen schwarzen Fleck unter der roten Haube. Mir wäre es lieber gewesen, dem Wolf wäre der Kopf abgeplatzt. Wenn wir unseren Griesbrei aßen, habe ich den Wolf bis zum Schluss unter dem letzten Löffel Brei gelassen. Ich hatte ein bisschen Angst vor ihm. Bei Gregor waren Hänsel und Gretel und die Hexe mit dem Knusperhaus drauf. Vor der Hexe hatte ich noch mehr Angst.

Hänsel und Gretel stand im Staatstheater Karlsruhe als Weihnachtsmärchen auf dem Programm. Mein Vater hatte nach der ersten Operation wieder angefangen zu arbeiten. Er spielte die Hexe.

Meine Mutter fuhr mit uns in der Straßenbahn zur Nachmittagsvorstellung, Johanna blieb bei der Nachbarin mit dem Telefon.

Ich hatte mein blaues Samtkleid an, dem man einen weißen Kragen anknöpfen konnte, wenn es besonders festlich sein sollte. Und es war festlich! Es war das erste Mal, dass ich ein Theater besuchte. Meine Schritte wurden von einem roten Teppichboden gedämpft, unzählige Kronleuchter glitzerten, und die breite Treppe mit den tiefen Stufen und dem goldenen Geländer machten eine Prinzessin aus mir. Die hätte jetzt gerne drei Wünsche frei gehabt: keine Hexe heute Abend, lange Haare und Kaugummi.

Auch die Sitze waren rot und man musste sie runterklappen. Meiner knallte dreimal zurück, bis meine Mutter ihn festhielt, damit ich mich setzen konnte. Gregor meinte, ich sei doof, dabei fand ich, dass er doof angezogen war, weil er immer diese Lederhosen anhatte, die im Winter bis zum Knie gingen. Mein Vater bestand auf Lederhosen. Er war Österreicher und er sagte Gutseln und Heferl, Semmel und Bussl und zu meiner Mutter Weiwi. Manchmal auch Weiwile, dann wollte er meist ein Bussl.

Meine Mutter saß neben mir und hatte wieder einen dicken Bauch.

Als der Vorhang auf ging, schrie ich schon mal vorsorglich und schlug mir die Hände vors Gesicht, aber da waren nur Hänsel und Gretel mit dem verfallenen Haus und der Vater mit der bösen Stiefmutter. Ich wusste genau, wie es weitergehen würde und schaute mir das Drama durch meine gespreizten Finger an, damit ich sofort zumachen konnte, wenn die Hexe kam. Aber bevor die auftauchte, verschwanden der Wald und die beiden verirrten Kinder hinter dem gewaltigen Vorhang. Es war Pause.

Die Kronleuchter funkelten, die Menschen redeten durcheinander und wir verließen unsere Plätze in der dritten Reihe. Meine Atmung fand wieder durchgängig statt und meine Arme und Beine ließen sich wieder richtig bewegen, nachdem ich sie ausgeschüttelt habe.

»Wir besuchen jetzt den Papa in seiner Garderobe.«

Darunter konnte ich mir gar nichts vorstellen, es sei denn, er würde tatsächlich an einem Kleiderbügel hängen. An der Hand meiner Mutter ging es treppauf und treppab, wir gingen um Ecken und durch zahlreiche Türen. Ich hätte niemals den Weg alleine wieder zurück gefunden, dann aber kurzfristig doch an unbegleitete Flucht gedacht, als wir vor einer fürchterlichen Hexe standen, die auch noch auf mich zukam und »Hallo Maria!« sagte. In meinem Hals war plötzlich etwas Dickes, das ich nicht runterschlucken konnte und an dem auch keine Töne mehr vorbeikamen. Ich schrie lautlos und vergrub mich im Rock meiner Mutter. Die lachte und versicherte mir, während sie mich aus ihrem Rock entfernen wollte, dass es wirklich unser Papa sei. Und auch die Hexe legte tröstend eine Hand auf meinen Rücken. Da konnte der Kloß im Hals nichts mehr aufhalten, der Schrei erschreckte auch mich, und meiner Mutter riss ich den Rock auf Kniehöhe.

Gregor ärgerte mich mit Angsthase, Pfeffernase und boxte der Hexe in die lumpige Schürze. Beide lachten und ich dachte ganz kurz darüber nach, was eine Pfeffernase ist. Die von der Hexe war lang und krumm mit zwei dicken Warzen aus denen Haare heraus wuchsen.

Ich wollte weg und zerrte erneut am Rock meiner Mutter, den sie sich wieder über den dicken Bauch gezogen hatte. Sie musste mit raus, weil ich mich nicht wie Hänsel und Gretel verirren wollte, und dass es hier eine Hexe gab, hatte ich ja nun gerade gesehen.

Ich wollte auch, dass der Vorhang gar nicht mehr aufginge! Aber er tat es, und die beschwichtigenden Worte meiner Mutter, dass die Hexe noch nicht da sei, und das blöde Lachen meines Bruders, ließen mich dann doch einen Blick auf die Bühne wagen. Da stand das überladene Pfefferkuchenhaus! Der Wunsch nach Süßigkeiten stellte sich unmittelbar ein, und die Angst vor der Hexe wurde von meiner Gier kurzzeitig ausgelöscht.

Nachdem Hänsel und Gretel Stücke vom Lebkuchen abgebrochen hatten, ging es los mit dem *knusper, knusper, knäuschen* und ich drückte bis zum glücklichen Ende meinen Kopf in den Schoß meiner Mutter, auf dem der dicke Bauch ruhte, in dem meine Schwester Eva steckte.

Es war das letzte Weihnachtsmärchen, in dem mein Vater mitspielte. Der Tumor in seinem Kopf war wieder gewachsen, und er musste noch einmal operiert werden. Danach blieb er immer zuhause.

Ich übte vor dem Spiegel die richtigen Mundbewegungen und meine Puppe Astrid zwang ich fast täglich, welche davon durchzukauen (Astrid musste generell all das *ertragen*, was ich entbehrte).

Der Wunsch nach einem Kaugummi war riesengroß, aber doch nicht so groß, dass ich mir Wernerles Kaugummi in den Mund gesteckt hätte.

Die Amerikaner und die schlechten Menschen spuckten ihre Kaugummis auf den Bürgersteig. Da wurden sie dann festgetreten und mit jedem Tag grauer und immer mehr kleine Steinchen drückten sich in die runden Kleckse, vor denen ich mich irgendwann nicht mehr ekelte, weil sie schon so lange nicht mehr in fremden Mündern steckten.

Ich entschied mich für den hellsten, der auf dem Stück Bürgersteig vor unserem Haus klebte, und das ich mittlerweile auch bespielen durfte. Mit einem Stöckchen kratzte ich den Kaugummi von der zementfarbenen Platte, fummelte unzählige Steinchen aus der zähen Masse, die ich in meinem Zahnbecher wiederbeleben wollte. In einem Gemisch aus Wasser und Zahnpasta verbrachte mein erster Kaugummi die ganze Nacht, in der ich unruhig schlief und mit viel Vorfreude aufwachte.

Er hatte einen Geschmack, der danach in all meinen Träumen auftauchte, in denen ich etwas Widerliches gegessen hatte. Und es knirschte zwischen meinen Zähnen.

Auch als ich mich von den Jungen überreden ließ, vor der Kaserne (weit außerhalb meines zugelassenen Aktionsradius!) mit offenen Händen die Amerikaner um *Tschuinggam* anzubetteln, während mein Bruder mit seinen Freunden lauernd hinter einem Gebüsch lag, bekam ich nicht, was ich mir sehnlichst wünschte. Die direkten Nachkriegsjahre mit ihrem Mangel und der euphorischen Bereitschaft zur Wohltätigkeit waren offensichtlich vorbei.

Es war ein warmer Sommertag, als meine Mutter am Nachmittag zum Einkaufen ging. Ich ging mit, wegen der Bonbons, die Frau Mayer manchmal an die Kinder austeilte. Das Baby Eva lag im Kinderwagen, der Bauch meiner Mutter war wieder dick und Johanna lief mit einer Hand am Griff, wobei ihre langen blonden Locken mit jedem Schritt auf- und abwippten. Ich hatte keine Locken, wollte aber lange Haare, die meine Mutter immer wieder mit der Behauptung abschnitt, sie würden so schneller wachsen. Gregor nannte mich dann *Prinz Eisenherz*, und ich sagte zu ihm *Pferdegebiss,* wegen seiner riesigen neuen Zähne.

Der Wunsch nach langen Haaren wurde zur Nebensache, als ich bei Frau Mayer im untersten Fach eines Regals, das längs zur Theke stand, ein großes Glas mit dicken roten Erdbeerkaugummis entdeckte, die einen grünen Plastikstiel mit Blatt hatten. Ich versuchte erst gar nicht meine Mutter zu fragen, ob sie mir eine Erdbeere kaufen würde. Seit mein Vater nur noch zuhause war, hatten wir noch weniger Geld und wir Kinder lernten schnell unsere Wünsche den neuen Verhältnissen anzupassen. Den Kaugummiwunsch habe ich ausgeschlossen.

Frau Mayers Laden war kein Selbstbedienungsladen. Ich glaube, es gab noch gar keine Selbstbedienungsläden. Frau Mayer stand hinter der Theke, und vor der Theke standen die Mütter (es waren meistens die Mütter) mit ihren Einkaufszetteln in der Hand. All das, was von ihnen vorgelesen wurde, suchte Frau Mayer aus den umstehenden Regalen zusammen und stellte es auf die Theke. Mit einem Bleistift, der hinter ihrem Ohr klemmte, schrieb sie die Preise auf einen schmalen Block (von denen lagen einige verstreut auf dem abgenutzten Holz der Theke) und rechnete aus, was alles zusammen kostete. Die meisten Mütter hatten ein Einkaufsnetz dabei, in das sie alles reinstopften und das dabei immer länger und dicker wurde. Wenn ich das Netz tragen wollte, durfte meine Mutter nie viel reinpacken, weil es sonst auf der Erde schleifte.

Frau Mayer war sehr beschäftigt und ich stellte mich mit dem Rücken zum Glas mit den Erdbeeren. Ich probierte aus, wie tief ich in die Knie gehen musste, um die Kaugummierdbeeren berühren zu können. Ich probierte drei Mütter lang, die hintereinander mit vollen Netzen den Laden verließen, bis meine Mutter endlich dran war. Frau Mayer lief hin und her, bückte oder streckte sich, und wenn das nicht reichte, stieg sie auf eine kleine Leiter. Auch ich blieb in Bewegung, und als Frau Mayer alle Preise mit dem dicken Bleistift auf den schmalen Block untereinanderschrieb, griff ich zu. Frau Mayer hob den Kopf in meine Richtung und als sie ihn wieder senkte, weil sie das Kleingeld meiner Mutter nachzählte, stopfte ich mir die Erdbeere samt Grünzeug in den Mund. Der blieb erst einmal offen, weil der Inhalt zu sperrig war. Mit zwei Bissen zerkleinerte ich ihn grob, wobei mir Plastikstiel und Blatt in den Gaumen stachen, außerdem lief der rote Saft aus meinen Mundwinkeln. Da freute ich mich ausnahmsweise über rutschende Kniestrümpfe, denen ich nach unten folgte und mir unbemerkt den klebrigen Sirup wegwischen konnte.

Meine Mutter verabschiedete sich und Frau Mayer tat das auch. Frau Mayer schickte mir sogar noch einen extra Gruß hinterher, dem sie meinen Namen anhängte. Ich wusste warum.

Das sei unhöflich von mir, sagte meine Mutter, als wir vor dem Laden auf dem Bürgersteig standen. Wenn mir jemand auf Wiedersehen sage, müsse ich zurückgrüßen.

Ich senkte nur meinen Kopf, versuchte den Sirup in meinem Mund zu behalten und wartete auf den günstigen Moment, das Plastikgrün loszuwerden.

Jetzt schimpfte meine Mutter fast mit mir und wollte wissen, was mit mir los sei. Es war mir nur recht, dass Eva zu weinen anfing und Johanna sich tanzend und mit wippenden Locken vom Kinderwagen entfernte. Das war dann der günstige Moment, den zuckersüßen Matsch samt Plastikteilen und mit viel Wehmut an den Fuß einer Straßenlaterne zu spucken.

Beim Zähneputzen vor dem Zubettgehen stand ich auf Zehenspitzen vor dem Spiegel und machte

Kaubewegungen. Der Erdbeergeschmack lag wie ein Phantomschmerz auf meiner Zunge, die an diesem Tag etwas röter war als sonst.

Gregor streute sich immer Zimt und Zucker auf seinen Griesbrei. Ich mochte keinen Zimt, durfte mir aber nicht den Zucker ohne Zimt auf meinen Griesbrei streuen. Zimt und Zucker oder gar nichts. Gregor streute sich auch Zimt und Zucker auf die sauer gewordene Milch, die er zwischendurch essen durfte. Das tat er ziemlich oft, weil bei uns die Milch auch ziemlich oft sauer wurde. Wir hatten in der Wohnung in Karlsruhe keinen Kühlschrank und im Winter stand die Milch draußen auf der Küchenfensterbank. Einmal war es so kalt, dass die Milch in der Flasche gefroren ist. Die ist dann aus der Flasche herausgewachsen und hat den goldenen Stannioldeckel mit nach oben gedrückt. Sie sah aus wie ein kleiner Schneemann mit Glitzerhut. Gregor bestand dann auf Milcheis mit Zimt und Zucker. Hat er aber nicht gekriegt.

Ich habe auch nicht immer gekriegt, was ich wollte. Ich wollte jeden Tag Süßigkeiten. Das Bonbon aus der Dose, die auf dem Küchenschrank stand und nach dem Mittagessen heruntergeholt wurde, reichte mir nicht. Außerdem war die Dose häufig leer, weil das Geld für Bonbons fehlte. Dann schaute ich mir die Dose nur an und tröstete mich mit den Keksen, die darauf abgebildet waren. Es war eine Blechdose von Bahlsen mit rotem Deckel. Bahlsen sei Qualität, hatte mein Vater immer gesagt. Mein Vater war grundsätzlich für Qualität und Qualität sei teuer, sagte er. Das habe ich nie verstanden, die Sache mit der Qualität und den hohen Preisen und dem wenigen Geld, das wir hatten. Die Waffel mit Schokolade hätte ich mir als erstes ausgesucht, wenn Kekse drin gewesen wären. Danach wäre die Waffel ohne Schokolade gekommen und dann die Brezel mit Schokoladenüberzug und dann der runde Keks mit dem Marmeladenklecks in der Mitte. Aber letztendlich wären mir alle Kekse recht gewesen.

Wenn ich im Readers Digest blätterte (das tat ich gerne, wegen der bunten Bilder) und auf die Seite mit der Wissoll Reklame stieß, wurde ich gierig. Eine ganze Din A5 Seite bedeckt von braunen Schokoladenrippchen, über die alle Süßigkeiten kullerten, die in der Wissoll-Fabrik hergestellt wurden. Die Seite habe ich sogar mal abgeschleckt!

Am Kiosk konnte ich mir stundenlang die Eistafel anschauen. Das tat ich ziemlich oft, seitdem der Kiosk die neue Grenze meines Bewegungsradius wurde. Der Kiosk war ein graues Häuschen mit grünen Rollläden. Im Kies standen zwei Tische, ein paar Klappstühle aus rostigem Eisen mit einer Sitzfläche aus Holzlatten, von denen die rote Farbe abblätterte. Der gelbe Sinalco-Schirm wurde bei Sonne aufgespannt. Die Eistafel lehnte unterhalb des Verkauffensters an der Wand, neben dem Papierkorb.

Wenn, … stellte ich mir immer vor, … wenn ich jetzt wie in den Märchen einen Wunsch frei hätte …

Capri, Domino, Eis am Stiel oder Hobby.

Das Eis am Stiel war das billigste. Es kostete zwanzig Pfennig und manchmal, wenn wir zum Sonntagsspaziergang ins Brüchle gingen (das war der Wald in der Nähe unserer Siedlung) und das Wetter ausgesprochen sommerlich war, durften wir wählen zwischen Schokolade, Vanille und Erdbeer.

Das hätte ich nicht genommen, weil ich es schon kannte. Meine Wahl fiel eigentlich immer auf *Domino*. Waffel, Schokolade und Eis gleichzeitig. Kostete fünfzig Pfennig.

Die habe ich mir aus dem Geldbeutel meiner Mutter genommen. Das lag in der Küche auf der Waage, bei der man vorne an einer Skala die Gewichte hin- und herschieben musste. Die benutzte meine Mutter, wenn sie Kuchen oder Weihnachtskekse backte, aber meistens wurden unsere Babys darauf gewogen, damit meine Mutter kontrollieren konnte, wie viel Milch sie getrunken hatten. Dafür gab es einen besonderen Aufsatz, in dem die Babys meistens rumzappelten und meine Mutter nervös machten, weil die beiden Metallspitzen wackelten und sie nicht feststellen konnte, wann sie auf gleicher Höhe zur Ruhe kommen würden.

Es war ein schwarzer Geldbeutel mit einem extra Fach für Kleingeld, das man mit zwei Fingern öffnen musste, indem man die beiden goldenen Metallkugeln aneinander vorbeidrückte. Damit habe ich oft gespielt, wenn meine Mutter dabei war, aber jetzt war ich allein in der Küche.

Ich schnippte das Kleingeldfach auf und zu, betrachtete die Münzen und war irgendwann überzeugt, dass es nicht auffallen würde, wenn eine fehlte. Mit zusammengekniffenen Augen (möglicherweise dachte ich, so nicht gesehen zu werden) nahm ich ein Fünfzigpfennigstück und steckte es in meinen Kniestrumpf, wo es kalt an meiner Wade herunterrutschte und sich beim Laufen unter die Fußsohle schob. Jeder Schritt ließ mein Herz schneller klopfen und das schien ordentlich Blut in den Kopf zu pumpen, denn der wurde heiß und sicherlich auch puderrot. Wenn es in den Märchen, die meine Mutter uns abends vorlas, richtig gefährlich wurde, hörte ich schon mal kurzfristig auf zu atmen. Das war kein Märchen, aber vom Luftanhalten wurde mir ganz schwindelig.

Ich hätte das Geld wieder zurücklegen können. Der Gedanke huschte ganz schnell durch meinen Kopf, aber dann schob sich wieder der Kiosk drüber. Gregor stand plötzlich in unserem fensterlosen Flur, der nur etwas Licht durch das geriffelte Glas in der Küchentür bekam. Ich hätte es auf dem Bürgersteig gefunden, und ich würde ihm die Hälfte abgeben. Ganz schnell habe ich das gesagt und ganz leise. Das war kein Geständnis, aber ich fühlte mich besser. Mein Bruder verstand gar nichts und fand mich mal wieder blöd, kam aber auf die ihm möglicherweise zustehende Hälfte zurück. Die sollte er am Kiosk bekommen und er rechnete auf dem Weg dorthin schon aus, dass das fünfundzwanzig Pfennig für jeden wären. Gregor ging schon zur Schule und konnte rechnen. Ich konnte noch nicht rechnen, wusste aber, dass Gregor es jeden Sonntag schaffte, das Schälchen mit dem meisten Schokoladenpudding zu bekommen. Bei uns gab es jeden Sonntag Schokoladenpudding.

Nach dem Hühnchen mit Reis und Preiselbeeren. Wir aßen zur Feier des Tages immer im Wohnzimmer. Auf den Tisch kam eine weiße Tischdecke und auf dem Plattenspieler lag *Die Fledermaus*. Den Nachtisch gab es meistens, wenn *eins, zwei, drei, vier, fünf, sechs … meinen Hut, meinen Hut, ,s die höchste Zeit,* gesungen wurde. Dann sangen wir jedes Mal mit und lachten mit Schokoladenpudding im Mund.

Also … mit fünfzig einzelnen Pfennigstücken wollte ich die Kontrolle behalten. Die Frau im Kiosk war nicht so freundlich wie Frau Mayer vom Lebensmittelladen. Als sie mir die kupferfarbenen Münzen aus der Wechselgeldschale brummend in meine aufgehaltenen Hände schüttete, fielen ein paar daneben.

Wir setzten uns unter den Sinalcoschirm und ich schob die Geldstücke über den Tisch, bis vor jedem von uns ein gleichgroßer Haufen lag. Den trugen wir wieder zu der Frau im Kiosk und jetzt schien sie verärgert, weil wir uns nicht schnell genug entscheiden konnten, was wir haben wollten. Letztendlich befanden sich in meiner Tüte eine Lakritzschnecke, zwei Eiskonfekte in blauem und rotem Stanniol (das konnte man später plattdrücken und glitzernd und rund zu seinen geheimen Schätzen legen), eine Schleckmuschel in Grün und eine blaue Kugel Kaugummi. Es war die gleiche Tüte, die die alte Frau Reimann aus dem zweiten Stock in ihrer Manteltasche hatte und in der ihr Hausschlüssel steckte. Eine dreieckige Papiertüte mit roten und blauen Punktblümchen. Jedes Mal fiel ich darauf rein, wenn ich sie im Treppenhaus vor ihrer Tür stehen sah, mit beiden Händen in den Manteltaschen und den aufmunternden Worten, ich solle doch mal warten. Dann zog sie die dreieckige Bonbontüte hervor, nestelte am Papier, während ich schon schluckte, weil sich ordentlich Spucke in meinem Mund gesammelt hatte, und zeigte mir mit einem schadenfrohen Lächeln den hoch in die Luft gehaltenen Schlüssel.

»Und du dachtest, es seien Süßigkeiten!«

Aber jetzt waren Süßigkeiten in meiner Tüte, mit der ich mich alleine (Gregor war wieder bei seinen Freunden) in meine Rosenbuschhöhle verzog und mich beeilen musste, alles bis zum Abendbrot aufzuessen. Den Kaugummi steckte ich mir ganz zum Schluss in den Mund, den wollte ich feiern, weil es ja mein erster war. Mit angezogenen Knien saß ich auf dem staubigen Boden und starrte auf meine braunen, an den Spitzen abgestoßenen Halbschuhe, mit denen ich im Dreck scharrte, während ich kaute. Dann spuckte ich ihn mir vor die Füße.

Zwei Tage nach dem Zuckerrausch und dem schlechten Gewissen fragte mich Gregor, ob ich nicht wieder Geld gefunden hätte.

Ich *fand* welches, aber die Frau am Kiosk hatte keine Lust mehr, mir das Silber in eine handvoll Kupfer einzutauschen. Den zwei Groschen und einem Fünfpfennigstück für jeden musste ich mich beugen, dafür brauchten wir noch länger, um sie wieder auszugeben. Für mich waren das eine Stange Schoko-Karamellbonbons von Storck, zwei Brausewürfel und zwei Kirschlutscher.

Wieder saß ich ganz alleine in meiner Rosenbuschhöhle und stopfte alles leidenschaftslos hintereinander in mich hinein. Als die Brause in meinem Mund aufschäumte, musste ich weinen.

Gleich am nächsten Tag erzählte mir Gregor, dass er sich diesmal Kaugummizigaretten kaufen würde und er würde mir auch eine davon abgeben. Die Aussicht mit meinem Bruder unterm Sinalcoschirm zu rauchen, löschte all die angestauten Schuldgefühle.

Die Frau am Kiosk war für den Münzentausch gar nicht mehr zu haben. Wir sollten sagen, was wir wollten und dann würde abgerechnet. Zu Gregors Kaugummizigaretten kaufte ich mir eine Lakritzpfeife mit rosa Zuckerschaum im Pfeifenkopf. Ich wollte viel Zeit mit Rauchen und meinem Bruder verbringen. Mir bliebe noch ein Groschen, sagte die Kioskfrau. Das reichte für einen Kegellutscher, die es in Rot mit weißen Streifen gab, aber auch in Gelb und Grün. Die Stiele waren aus Plastik und hatten ganz unterschiedliche Formen. Gregor meinte, ich solle das Flugzeug oder den Soldaten nehmen. Ich entschied mich für den Bären. Der steckte aber nur in einem rot-weißen und in einem gelb-weißen Lutscher. Ich wollte aber einen grün-weißen, und weil hinter uns schon wieder Leute standen, wurde die Kioskfrau ziemlich böse. Sie gab mir dann einfach einen grün-weißen mit einem doofen Segelschiff als Stiel.

Am Abend hatten wir Wasser in unseren Bechern und eine Scheibe trockenes Brot auf den Tellern. Alle. Auch meine Mutter. Nur mein Vater saß in seinem rot-blau gestreiften Bademantel vor einem Schmalzbrot und einem Brot mit Leberwurst. Die sauren Gurken standen neben einem großen Glas Milch. Fast wie ein König sah er aus, wenn er nur mehr Haare auf seinem Kopf gehabt hätte und keinen so schiefen Mund.

Meine Eltern sind bestimmt Schauspieler geworden, weil sie soviel Fantasie hatten. Ich hätte auch sehr viel Fantasie, haben mir meine Eltern häufig gesagt und ich hätte das Zeug zur Schauspielerin. Wobei ich das mit dem *Zeug* nicht ganz verstanden habe, denn das sollte ich immer nur wegräumen, wenn es im Weg rum lag.

Manchmal brauchten meine Eltern keine Bühne mit Vorhang. Sie gaben auch Heimvorstellungen und an diesem Abend war sie ganz für mich allein.

Unglücklicherweise schleiche sich immer wieder ein Dieb in unsere Wohnung und würde Geld stehlen. Jetzt seien wir arm und müssten von Wasser und trockenem Brot leben. Es reiche nur noch für Papa, der ja ordentlich essen müsse, damit er wieder gesund würde. Meine Mutter nahm einen großen Schluck Wasser und biss mit niedergeschlagenen Augen in ihre trockene Scheibe Brot.

Mein Vater ließ die Gurken zwischen den Zähnen knacken und schob sich kleingeschnittene Leberwurstbrotstückchen in seinen schiefen Mund. Ich bekam überhaupt nichts runter und das lag nicht an der Menge der Süßigkeiten. Morgen müsste sie die Polizei rufen, damit sie den Dieb fangen können, sagte meine Mutter. Gregor starrte sie mit offenem Mund an und ich starrte auf meine Scheibe trocken Brot und kämpfte mit den Tränen. Die durften nicht raus, die hätten mich verraten.

Später beim Zähneputzen musste ich dauernd schlucken, da blieb nicht mehr viel Zahnpastaschaum zum Ausspucken. Bei der Gute-Nacht-Geschichte schien sich nur der Mund meiner Mutter zu bewegen, und beim Abendgebet wurde dem lieben Gott nicht nur aufgetragen, doch den Papa bald gesund zu machen, sondern er wurde auch noch gebeten, den Dieb zu finden. Beim Gute-Nacht-Kuss wurden mit den Tränen jede Menge unverständliche Worte herausgespült, die aber schon klar machten, dass es sich um mein Geständnis handelte. Mein ansonsten so robuster Kinderkörper wurde vom Schluchzen durchgeschüttelt, dem meine Mutter immer wieder die Hand auflegte und ab morgen Wurst und Käse für alle versprach.

 Eine andere *theatralische* Einlage gab es nach einer Reihe von Regentagen, an denen ich nicht nach draußen konnte und mit Johanna auf unserem dunkelgrauen Sofa im Wohnzimmer herumlungerte. Meine Mutter bügelte Schlafanzüge für meinen Vater, der wieder im Krankenhaus lag.

Mit einem Kissen haute ich Johanna auf ihren schönen Lockenkopf, während wir gelangweilt lachten, bis Johanna es sich anders überlegte und zu weinen anfing. Ich machte trotzdem weiter.

Wir erschraken beide und verstummten, als meine Mutter das Bügeleisen auf die Ablage knallte.

»So, jetzt ist Schluss hier!«

Sie zerrte uns vom Sofa, ohne sich um das Geheul meiner Schwester zu kümmern und sperrte uns in die kalte Küche.

Meine Mutter hatte seit Tagen den Kohleofen nicht mehr angezündet und sie hatte wohl auch keine Zeit mehr, all das Geschirr abzuwaschen, das sich in dem Terrazzowaschbecken türmte.

Ob ich mit ihr spiele, fragte Johanna, die sofort mit dem Heulen aufgehört hatte, als meine Mutter die Tür hinter sich zuknallte.

Ich war überhaupt nicht in Spiellaune und außerdem gäbe es keine Spielsachen in der Küche, brummte ich vor mich hin. Und es sei viel zu kalt.

»Is Feuer in Ofen?« Manchmal fand ich das lustig, dass Johanna noch nicht richtig sprechen konnte. Manchmal.

»Schau doch rein!«

Und dann hat sie die Klappe aufgemacht und die Schublade mit der Asche rausgezogen, die auf den Boden krachte. Das gab eine ordentliche Staubwolke. Johanna freute sich über Sand auf dem Küchenfußboden. Meine Erklärung, dass das Asche sei, kam zu spät, da hatte sie schon beide Hände in dem staubigen Haufen vergraben. Ich schimpfte mit ihr und schaufelte mit meinen Händen die Asche zurück in den Aschekasten. Dabei ließ ich sie durch die Finger rieseln und dachte, dass man vor dem Aufräumen doch noch ein bisschen damit spielen könnte.

Gregors Autos standen in einer durchsichtigen Plastikdose auf dem Überbau seines Klappbetts. Die durfte ich immer nur angucken. Ich nahm die ganze Dose mit in die Küche. Die Asche kippte ich auf den Boden. Die verteilte sich großflächig, als wir die Autos mit viel Gebrumm hin- und herschoben. Irgendwann knieten wir mittendrin, unsere Kleider waren eingepudert und an den Händen klebte der schmierige Staub. Wir haben es gar nicht gehört, als meine Mutter in die Küche kam. Sie schrie so laut, dass ihre Stimme manchmal nur noch piepste. Eva wurde in ihrem Gitterbettchen wach und weinte. In zehn Minuten, schrie meine Mutter, in zehn Minuten käme sie wieder und dann wolle sie nichts mehr davon sehen. Aber auch gar nichts mehr!

Ich habe ganz schnell den Handfeger und das Kehrblech aus dem Zinkeimer genommen, der neben der Spüle stand. Zu einem großen Haufen habe ich alles zusammengekehrt und den wollte ich mit dem Kehrblech in den Aschekasten schaufeln. Aber bevor ich das gemacht habe, sind wir noch mal kurz mit den Autos die steilen Hänge hinaufgefahren. Das war dann doch zu lang.

Jetzt weinte meine Mutter. Das machte mir Angst, auch weil ich der Meinung war, dass Mütter niemals weinen würden.

»Ich bringe euch ins Kinderheim!«

Mit dem Wort *Kinderheim* füllte sich mein Kopf sofort mit dunklen Kellern. Ohne den Handfeger und das Kehrblech abzulegen, warf ich mich an ihren dicken Bauch und versuchte eine Umarmung. Ich schrie, dass ich wieder lieb sei, aber sie schob mich wortlos beiseite und störte sich auch nicht an der Asche, die jetzt an ihrem blauen Kleid klebte. Ich bekam noch mehr Angst, wegen der Ruhe, mit der sie unsere Sonntagskleider auf mein Bett legte. Dann schickte sie uns ins Badezimmer. Ich lief heulend und bettelnd hinter ihr her, mit einem Gesicht, auf dem Tränen und Rotze braune Rinnsale im Aschestaub hinterließen. Wir sollten danach unser Lieblingsspielzeug in die Puppenkoffer packen, sagte sie ganz unbeirrt und drückte mich ins Badezimmer, um mir dann mit einem kalten Waschlappen über das Gesicht zu rubbeln, während von meinen Händen unter dem fließenden Wasser die Schlacke herunter lief.

Johanna schien unbeeindruckt, aber die hatte ja auch keine Ahnung, was ein Kinderheim bedeutet. Dort gab es täglich Schläge und Haferschleim, keine Gute-Nacht-Geschichten, keinen Kindergeburtstag und kein Weihnachten! Ich hatte Ahnung, ohne zu wissen, wo die überhaupt herkam.

Die Sonntagskleider lagen wie eine Bedrohung auf meinem Bett und Lieblingsspielzeug gab es für mich nicht mehr.

Johanna packte gut gelaunt, als ginge es auf eine Urlaubsreise. Ich legte wahllos etwas in meinen Koffer, einfach nur um zu gehorchen, in der Hoffnung, meine Mutter milde stimmen zu können.

Stattdessen weinte sie.

Ich weinte schon die ganze Zeit um Vergebung und Trost, und für einen ganz kleinen Moment hatte ich das Gefühl, dass ich meine Mutter trösten müsste. Die suchte aber keinen Trost, sondern ihre Kleider für die Stadt. Gregor spielte auf der Wiese hinter dem Haus. Sie rief ihn vom Balkon aus nach oben, weil er mit Eva zur Kriegswitwennachbarin musste, die diesmal kein Taxi rief, weil wir mit der Straßenbahn fuhren.

Ich fuhr gerne mit der Straßenbahn, aber an diesem Tag schleppte ich mich wimmernd den entschlossenen Schritten meiner Mutter hinterher. Johanna hüpfte an ihrer Hand mit dem wippenden roten Köfferchen in der anderen.

Der Fensterplatz entlockte mir kein Siegeslächeln und die vorbei fliegende Welt, die ich wegen der vielen Tränen sowieso nicht erkennen konnte, interessierte mich an diesem Tag überhaupt nicht.

Großzügige Treppenstufen verwandelten mich in der Regel in eine Prinzessin mit langen blonden Haaren, einem funkelnden Krönchen und einem raschelnden Kleid, dessen ausladender Saum mit jedem Schritt über die Stufen gleitet. Das wäre eine wahre Prinzessinnentreppe gewesen, sie reichte fast über die gesamte Hausfront eines gewaltigen, schmutziggrauen Gebäudes. Das Kinderheim! Inmitten der Stadt und vielen hupenden Autos. Mit hängenden Armen, gesenktem Kopf und schweren Schritten folgte ich durch die mächtige grüne Eingangstür und einer anschließenden Flügeltür in eine große Halle. Für Widerstand schien mir jegliche Kraft abhanden gekommen sein, es muss dann aber doch noch Reserven gegeben haben, die freigesetzt wurden, als sich meine Mutter mit einem flüchtigen Kuss von uns verabschiedete, die wir auf einer Bank gegenüber unzähligen Schaltern saßen. Dort hatte sie mit dem Mann in der grauen Jacke gesprochen, der hinter dem einzig geöffneten Schiebefenster saß. Das sei der Hausmeister, sagte sie uns und wenn wir wieder lieb wären, würde sie uns auch wieder abholen.

»Aber ich bin doch schon wieder lieb ...!«, brüllte ich meine Verzweiflung heraus, die in der architektonischen Großzügigkeit laut widerhallte und ihr das angemessene Volumen verpasste. Das schien meine Mutter aber nicht zu interessieren, sie verschwand hinter der zweiflügeligen Schwingtür, die ich von da an nicht mehr aus meinen verheulten Augen ließ.

Johanna packte seelenruhig ihre Spielsachen aus und fing an, sich auf der Bank einzurichten.

»Mama kommt bald wieder, nicht mehr weine, Ria!«

Sie nickte heftig mit dem Kopf, riss ihre Augen zuversichtlich weit auf, und die Stirn legte sich unter dem strohblonden Pony in Falten. Dann räumte sie auch meinen Koffer aus, was ich unter anderen Umständen niemals zugelassen hätte.

Als die Flügeltür aufgestoßen wurde, und die Frau mit dem Paket unter dem Arm herein kam, wurde ich ganz steif. Sie ging direkt zum *Hausmeister* und gab dort das Paket ab. Wahrscheinlich, weil sie freie Hände brauchte, um uns gleich mitzunehmen!

Das hat sie aber nicht gemacht. Sie ist einfach wieder gegangen und hinter ihr wackelten die beiden Türflügel.

Dann wurde bei mir drinnen alles wieder wackelig und ich rutschte in meinen Sonntagskleidern auf der Bank zusammen, die mittlerweile zum größten Teil mit Spielzeug belegt war.

Wir seien wohl ungezogen gewesen, meinte der *Hausmeister* und beugte sich grinsend über den Schalter. Da hat mich die Angst sofort wieder gelähmt, auch weil die Schwingtüren wieder auseinanderflogen. Diesmal war es ein Mann mit einer Aktentasche aus der er mehrer Briefe zog und dem *Hausmeister* entgegenschob. Die Flügel kamen irgendwann gar nicht mehr zur Ruhe, es war ein

Kommen und Gehen mit Briefen und Paketen, die bei dem Mann mit der grauen Jacke verschwanden. Der haute mit einem Stempel drauf und ich zuckte jedes Mal zusammen.

Ich glaubte nicht an das Naheliegende. Ich glaubte, was mir meine Fantasie bereitstellte. Eltern bringen ihren Kindern Briefe und Wäsche zum Wechseln. Wie lange würde man in einem Kinderheim bleiben, wenn man schon mal drin war? Gingen Heimkinder in die Schule? Durften sie draußen spielen? Hatten sie Freunde? Würde man mir auch immer wieder die Haare abschneiden, wie meine Mutter das tat? Wenn nicht, hätte ich vielleicht lange Haare, wenn ich wieder abgeholt würde …

Die Schwingtür wackelte. Nur langsam gingen die beiden Flügel auseinander. Mit dem Rücken drückte sich jemand in die Halle hinein. Es war das Blumenkleid meiner Mutter, hinter dem sich die Flügel wieder schlossen. Jetzt weinte ich aus ganz anderen Gründen. Als sie sich umdrehte, konnten wir sehen, dass sie in jeder Hand eine Eistüte hielt.

Wir hätten jetzt lange genug in der Post gesessen, meinte sie, und bevor ich nach der Eistüte griff, krallte ich mich in ihrem Kleid fest und schluchzte erleichtert in den dicken Bauch hinein.

Das Eis schmeckte stellenweise salzig, genau da, wo meine letzten Tränen landeten.

Kein Bonbon nach dem Mittagessen, nicht nach draußen dürfen, ohne Abendbrot ins Bett, keine Gute-Nacht-Geschichte waren die Strafen, wenn meine Eltern keine Vorstellung geben wollten.

Ohne Schläge, sagte mein Vater, *da haben wir unsere Prinzipien.*

Das fand ich gut. Auch das Wort *Prinzipien.* Damit habe ich noch später in der Schule angegeben.

Meine Mutter hat es nicht immer geschafft, sich an die *Prinzipien* zu halten. Der rutschte schon mal die Hand aus. Das passierte meistens, wenn mein Vater im Krankenhaus lag und sie mit uns vier Kindern alleine in der Wohnung am Hirtenweg war. Die *Prinzipien* hat sie nicht aufgegeben, weil mein Vater nicht aufpassen konnte, ob sie eingehalten wurden. Ich glaube, in dieser Zeit gab es für *Prinzipien* einfach keinen Platz.

Einmal hat sie mir eine Ohrfeige gegeben, die ich gar nicht verdient hatte. Das tat meiner Mutter richtig leid und sie *räumte mir ein Guthaben ein.* Wenn sie mir also wieder einmal eine Ohrfeige geben wollte, hätte ich die schon gehabt.

Eingelöst habe ich diese *Guthaben* an dem Tag, als ich intensiv in meinem Frisörsalon beschäftigt war. Es war der Tag, an dem alle Kunden Locken wollten. Es war die Zeit des Löwenzahns, den ich büschelweise pflückte. Die kopflosen Stängel legte ich in eine Wasserpfütze, damit sich beide Enden aufkringeln konnten, um sie dann mit meinen Grasköpfen zu verknoten. Mir gelangten wunderbare Kreationen, meine Kunden waren zufrieden und bezahlten viel Geld. Ich befand mich in einem Rausch, aus dem mich meine Mutter heraus riss, weil sie ein Gläschen Alete-Spinat für Eva brauchte. Das Geld warf sie, eingewickelt in einem Stück Zeitungspapier, aus dem Küchenfenster, von dem aus sie mir hinterher schaute, damit ich heile über die Straße kam.

Ich war so wütend, dass ich mir sogar gewünscht habe, überfahren zu werden und meine Mutter es ihr Leben lang bedauern müsste, mich zu Frau Mayer in den Laden geschickt zu haben.

Den Rückweg musste ich ohne das wachsame Auge meiner Mutter bewältigen, aber ich war nicht alleine unterwegs. Der Jäger, der Schneewittchen laufen ließ und der bösen Stiefmutter das Herz eines jungen Rehs als Beweis ablieferte, war an meiner Seite. Der Spinat war ein Schatz, den es galt in Sicherheit zu bringen, weil das gierige Rumpelstilzchen hinter ihm her war. Wir rannten Seite an Seite über eine gähnend leere Straße und taten so, als seien wir gerade mit dem Leben davongekommen. Um in die *Unterwelt* zu kommen musste ich mich gegen die summende Haustür werfen. Über steile *Felslandschaften* schleppten wir uns aus der *Hölle* hinaus zum schutzbringenden *Gipfel*, den *Schatz* auf dem Geländer balancierend, weil ich ihn kaum noch tragen konnte, denn er wurde immer schwerer. Ein ganz mieser Rumpelstilzchenzaubertrick.

Das Gläschen fiel mir aus der Hand, da war ich fast schon oben. Es nahm nicht den direkten Weg nach unten, um dann im Kellergeschoss aufzuschlagen. Es flog im Zick-Zack, immer wieder an das Geländer schlagend, damit der Spinat auf jeder Etage Spuren hinterlassen konnte. Jäger und Rumpelstilzchen waren verschwunden, aber die hätten mir auch nicht helfen können.

Was mir half, war mein *Guthaben*, an das ich meine Mutter ohne Luft zu holen erinnerte, nachdem ich mit leeren Händen geklingelt hatte.

Mit dem Zinkeimer voll Wasser und einem grauen Scheuertuch verließ meine Mutter die Wohnung. Bevor sie die Tür hinter sich zuzog, wiederholte sie zum dritten Mal, dass ich auf Johanna und Eva aufpassen sollte. Es klang nicht nach einer Bitte der Dankbarkeit folgen könnte, aber ich fühlte mich sicher.

Einmal sollte ich aus einer Strafe lernen. Nicht wie in der Schule Rechnen und Schreiben. Ich sollte fürs Leben lernen, sagte meine Mutter. Ich dachte zwar zeitweise an den Tod, mit dem ich mich hätte aus der Verantwortung ziehen können, habe mich dann aber doch fürs Leben und die Lektion dazu entschieden. Da war ich zehn Jahre alt und wir wohnten in dem Dorf mit dem Blick auf den Rotenfels.

Es war Winter und ziemlich kalt, aber Wetter hat mich noch nie davon abgehalten, draußen zu spielen. Nicht alle meine Freunde hatten Lust, an solchen Tagen die warmen Wohnzimmer zu verlassen, wo die Ölöfen gluckerten und sich das Spielzeug ausnahmsweise auf dem Fußboden der guten Stube ausbreiten durfte.

Aber ich hatte Streichhölzer dabei und da haben alle ihre Anoraks und Mützen angezogen. Monika und Ursula, Gabi und Thomas. Meine Schwester Johanna kam auch mit.

Die Streichhölzer hatte ich geklaut, so wie wir Äpfel, Birnen und Kirschen klauten, wenn sie auf den Feldern und in den fremden Gärten reif waren. Also verbotenerweise entwendet, aus dem Steinguttopf genommen, der mit vielen anderen Steinguttöpfen auf unserem Küchenschrank stand.

Wir wollten ein Feuer machen, irgendetwas anzünden und zuschauen, wie es verbrannte. Wir sammelten entlang der Straße all das, was wir auch im Heimatkundeunterricht als brennbar mit stumpfen Bleistiften in unsere Hefte geschrieben hätten. Das warfen wir in der Pausenhalle der Dorfschule auf einen Haufen. Die Pausenhalle war unsere geliebte Schlechtwetterbleibe, ein überdachter Bereich, zum Schulhof hin offen und lang genug für einen katholischen und evangelischen Teil, in denen es jeweils Toiletten für Jungen und Mädchen gab, damit man sich auch da nicht in die Quere kommen musste.

Der Wind stand schlecht und blies uns das Feuer immer wieder aus, also sind wir zum nahegelegenen Friedhof weitergezogen. Wir suchten uns ein Plätzchen außerhalb der dicken Mauer, links vom Totenhäuschen, in dem die Verstorbenen lagen, bevor sie in den Sarg kamen. Es war eine der Mutproben im Dorf, zu den Leichen reinzugehen und mindestens so lange drin zu bleiben, bis draußen jemand bis hundert gezählt hatte. Ich war auch schon mal in dem Totenhäuschen, da wartete allerdings keine Leiche auf die Beerdigung. Der Raum war leer, nur auf der Fensterbank standen zwei einsame Lippenstifte. Mit einem davon habe ich mir die Lippen rosa angemalt. Da sei Leichengift dran, sagte meine Freundin Petra, als ich die Lippen mehrmals aufeinanderdrückte und mit einem Knall wieder öffnete, so wie das meine Mutter immer machte. Petra habe ich stehenlassen und bin sofort nach

Hause gerannt. Bin dann aber doch nicht dran ge-
storben.

Nachdem auch hier ein Streichholz nach dem
anderen vom Wind ausgeblasen wurde, schlug ich
den Strohhaufen vor. Wenn wir *Strohhaufen* sagten, wussten wir alle, welcher gemeint war. Das
war der, der schon jahrelang am Rand des Feldwegs
lag, welcher am Lehrerhaus vorbeiführte. Im Sommer turnten wir gerne darauf herum, wenn er trocken war. Wenn er nass war, stank er nach Moder,
weil die Ballen teilweise schon verfault waren.

Da man von dort auch unsere fünf Siedlungs-
häuser sehen konnte, haben wir das Stroh auf der
Seite rausgerissen, wo uns niemand beobachten
konnte. Gleich mit dem ersten Streichholz hatten
wir Erfolg. In unserem *Ofen* knisterte es, aber lange
haben wir uns nicht darüber gefreut. Das ging ganz
schnell und dann stand die komplette Seite vom
Haufen in Flammen.

Monika, Ursula, Gabi, Thomas, ... auch meine
Schwester, ... alle sind sie sofort abgehauen.

Und weil ich den Haufen nicht wie eine Kerze
ausblasen konnte, bin ich auch nach Hause gerannt.

Irgendjemand ... habe ich völlig außer Atem
meinen Eltern gesagt, irgendjemand muss den
Strohhaufen angezündet haben. Die schauten aus
dem Wohnzimmerfenster und sagten *oh ja,* worauf
es an der Haustür klingelte und meine Mutter Frau
Müller die Tür aufmachte. Gabi und Thomas hätten
damit nichts zu tun, wäre Marias Idee gewesen, das
sei ihr wichtig zu erwähnen.

Ich kniete in der Zwischenzeit im Mädchenzimmer vor dem Balkonfenster und schaute auf eine riesige Feuersäule. Vom Strohhaufen war nichts mehr zu sehen. Ich versprach dem Lieben Gott mit geschlossenen Augen alles, was er von mir verlangen würde. Nie mehr lügen, nie mehr stehlen, nie mehr meckern, kein heimliches Fernsehen …

Die Augen habe ich ganz langsam aufgemacht, aber schon durch die Wimpern konnte ich sehen, dass das den Lieben Gott alles nicht interessierte.

Meine Mutter rannte zur Gemeinde (ein Telefon hatten wir immer noch nicht), damit sich die Freiwillige Feuerwehr um den Brand kümmern konnte. Ein Herr Jost lief mit meiner Mutter zurück zur Feuerstelle nur um festzustellen, dass sich Löschen nicht mehr lohnte, und nannte ihr den Namen des Besitzers. Der hieß Herr Rot, hatte aber nichts mit meinem geliebten Metzger Roth zu tun.

Dieser Herr Rot wohnte mit seinen Eltern in einem heruntergekommenen, kleinen Bauernhof und er wollte darüber nachdenken, was ihm der Schaden wert sei. Seine alte Mutter konnte nicht mehr laufen und saß auf einem Küchenstuhl, der bei Bedarf umgestellt wurde, damit sie Mann und Sohn bekochen und die Wäsche machen konnte. Hier erkannte meine Mutter die Möglichkeit mir erzieherisch etwas auf den Weg zu geben zu. Ich sollte jeden Tag für die alte Frau einkaufen gehen.

Der Sohn hatte inzwischen fünfzig Mark Schaden ausgerechnet, was Herr Jost (meine Mutter traf ihn zufällig auf der Strasse) für eine Unverschämtheit hielt, weil der Haufen schon völlig verfault gewesen wäre. Meinen Eltern fiel diese Sonderausgabe sicherlich nicht leicht und so trieb mich mein Schuldgefühl ohne Widerstand auf den Hof der Rots, wo mich der Schäferhund mit gefletschten Zähnen anbellte und seinen Oberkörper (der Rest schleifte irgendwie im Dreck) gegen ein rostiges Gitter warf, das verhinderte, dass ich zerfleischt wurde. Er sei eigentlich ein ganz lieber, versicherte mir Frau Rot, der Arme sei hinten gelähmt, weil ihr Mann irgendwann mal mit einer Eisenstange auf ihn eingeschlagen hatte.

Die Tatsache, dass es neben einem gelähmten Hund auch eine gelähmte Frau gab, ließ mich umgehend die Einkäufe erledigen.

Anfangs waren es nur die Einkäufe, aber dann sollte ich ihr mal die Wäsche im Hof abhängen oder die Asche auf den Misthaufen kippen oder dem Hund widerliche Essensreste mit dem Kehrblech unter dem rostigen Gitter durchschieben. Aber die schlimmste aller Zusatzaufgaben war die Bitte, ihr die Haare zu kämmen. Dünne, zum Knoten zusammen gedrehte, fettige Strähnen, in denen unzählige Schuppen klebten, die nicht einmal runterrieseln konnten, wenn ich mit dem schmierigen Kamm, den sie aus der Küchentischschublade kramte, in der neben Haarklammern, Stopfwolle und kaputten Nylonstrümpfen auch Teile eines Gebisses lagen, durch die Haare fuhr.

Ich habe zu Hause nicht protestiert, mein schlechtes Gewissen war noch so umfangreich, um genügend Demut aufrecht zu erhalten. Zu Ostern sollte ich mein Nest abholen, sagte mir die alte Frau

Rot; nach dem Gottesdienst und vor dem Mittagessen. Ein paar Schokoladeneier mehr waren keine schlechte Aussicht, da riskierte ich gerne, dem alten Herrn Rot über den Weg zu laufen.

Sie habe mir auch einen Schokoladenpudding gekocht, ganz für mich alleine. Damit hatte ich nicht gerechnet, mir lag lediglich an originalverpackten Ostersüßigkeiten.

»Ich mag gar keinen Schokoladenpudding! Ich mag keinen Schokoladenpudding und keinen Milchreis!«

Das mit dem Milchreis stimmte, einen Schokoladenpudding für mich ganz alleine hätte ich unter anderen Umständen sofort ausgelöffelt. Ich solle mich setzen, und dann schob sie mir den Topf rüber. Drei oder vier Erbsen konnte ich an der Oberfläche ausmachen, und da meine Fantasie eine blühende war, hatte ich all die anderen Essensreste vor Augen, die im Topf geklebt haben könnten, als sie die Milch darin aufkochte.

»Ich mag wirklich keinen Schokoladenpudding! Davon wird mir schlecht, ganz schlecht …!«

Ich war heilfroh, dass ich mein Osternest in dieser Küche nicht suchen musste. Sie holte eine Schokoladen- Ente mit Wackelkopf aus einer Tüte und war ziemlich traurig, weil ich den Pudding nicht mochte.

Zu Hause erzählte ich von den Erbsen im Pudding. Und von der Wäsche, der Asche, dem Hund und den Haaren.

Meine Eltern meinten, dass ich lange genug für Frau Rot eingekauft hätte. Das klärte meine Mutter nach den Osterfeiertagen.

Es war ein fast echter Nikolaus, der aus mir für die verbleibenden Wintermonate ein ganz artiges Kind machte.

Dieser fast echte Nikolaus war ein Kollege meines Vaters und ein guter Freund meiner Eltern. Er trug natürlich keinen Wattebart, der schief im Gesicht hing und auch der Mantel war keine schlecht sitzende Alternative in *Hauptsache Rot*. Der kam direkt aus dem Theaterfundus, als er bei uns klingelte. Meine Mutter spielte auf der Gitarre *Lasst uns froh und munter sein* und Gregor, Johanna und ich saßen in unseren Schlafanzügen auf dem Sofa und sangen. Wir kannten alle Strophen und alle endeten mit *Lustig, lustig, traleralera*. Als der Nikolaus dann in unserem Wohnzimmer stand, fand ich das nicht mehr lustig. Er war riesig, hatte den Sack und die Rute dabei und auch die beiden Bücher. Für uns Kinder war es der leibhaftige Nikolaus.

Johanna weinte und wollte auf den Schoß meiner Mutter. Da wäre ich auch gerne hingegangen, aber da lag noch die Gitarre drauf. Also blieb ich neben Gregor sitzen, der als Junge mutig sein musste. Dabei hat er sich ziemlich angestrengt, glaube ich.

Die Stimme vom Nikolaus war auch riesig. Die kam aus dem Loch im Bart und wir hörten zu, als er von den Kindern in der Welt erzählte, denen es nicht allen so gut ginge wie uns. Da der Nikolaus in der ganzen Welt unterwegs war, wie er sagte, konnte ich nicht verstehen, warum er das nicht geändert hat.

Auch wir könnten für mehr Gerechtigkeit sorgen, wenn wir teilen würden, sagte der Nikolaus.

Bei der Sache mit dem Teilen würde Gregor ganz schlecht abschneiden, denn der gab selten etwas ab. Das schwarze Buch bekam so für mich einen Sinn, aber der Nikolaus fing mit Johanna an und blätterte im Goldenen. Und weil Johanna noch so klein war, gab es auch wenig zu sagen und kaum was zu meckern. Die Tüte mit den Schneemännern drauf wollte sie nicht abholen, dann hätte sie auch vom Schoß meiner Mutter klettern müssen, die mittlerweile die Gitarre beiseite gestellt hatte. Gregor hat die Tüte für sie abgeholt und ich hätte gerne *Angeber* gesagt, weil er dabei so blöd gegrinst hat.

Mein Bruder wurde für seine Schulleistungen gelobt, was ich ungerecht fand, denn ich ging noch nicht zur Schule. Darüber musste ich mich aber nicht lange ärgern, der Nikolaus war noch nicht fertig. Gregor sollte abends pünktlich nach Hause kommen, seine Zähne besser putzen und die Schwestern weniger ärgern.

Er bekam trotzdem eine Tüte. Auf der waren Tannenbäume. Die hat er gleich auf dem Wohnzimmertisch ausgeleert, um einen genauen Überblick zu bekommen. Dann kam ich an der Reihe.

Maria, Maria… einmal hätte mir gereicht, zweimal machte mir Angst.

Ich würde meinen Eltern große Sorgen machen. Warum ich soviel schwindeln würde? Und auch er würde sehen, dass ich gerne heimlich Zucker aus der Zuckerdose nasche. Und er wüsste auch, dass ich mich an den verbotenen Garagen herumtreibe und mir aus Gregors Murmelbeutel einige Glaser genommen hatte. Er wusste einfach alles, auch dass ich unerlaubt mit Wolfi spielte und schon ein paar Fensterchen zuviel an meinem Adventskalender aufgemacht hatte. Dafür musste er nicht einmal in dem schwarzen Buch rumblättern, das hatte er alles in seinem Kopf.

Es gab keine erlösende Tüte, sondern die Aufforderung, ihm ins Treppenhaus zu folgen. Ich blieb wie festgenagelt auf dem Sofa sitzen und wusste gar nicht mehr, warum ich mich tagelang auf den Nikolaus gefreut hatte.

Mein Vater zog mich vom Sofa und ich rutschte an seiner Hand auf meinen Strümpfen durch den Flur zur Wohnungstür.

»Ich will nicht!«, das konnte man bestimmt bis zum Erdgeschoss hören. Aber dann wollte ich doch, als ich das Vogelhäuschen entdeckte. Auf dem Dach klebten Süßigkeiten, und an den Giebeln baumelten bunte Geleeringe. Zum Vogelhäuschen gab es dann noch ein paar mahnende Worte und danach die Tüte. Auf meiner flogen kleine Engel herum. Ein paar Tage später, und nachdem wir das Vogelhäuschen geplündert und mit Sonnenblumenkernen ge-

füllt hatten, flogen auf unserem Balkon Vögel herum.

Kinder, die in die Schule kommen, haben entweder gar keine Zähne oder große neue mit vielen Zacken an der Kante, damit sie sich besser durchs Zahnfleisch bohren konnten.

Mein Wunsch zur Zahnlücke war hauptsächlich mit der Schulreife verbunden, denn ich sah viele Vorteile darin, zum Schulkind aufzurücken. Ich dürfte dann alleine zum Spielplatz gehen, der auf dem Schulweg lag, mein Bewegungsradius würde sich bis zu den Garagen ausdehnen, ich hätte ein Pausenbrot im Ranzen (ich hätte überhaupt einen Ranzen!) und ich könnte mit JA antworten, wenn ich gefragt würde, ob ich denn schon zur Schule ginge.

Aber da gab es noch einen Grund, warum ich schnellstens meine Vorderzähne loswerden wollte. Ein Quarkbrot!

Das wurde von einem Jungen gegessen, der an der Teppichstange lehnte, die am anderen Ende auf der Wiese hinter unserem Haus stand. Dieses Stück Rasen gehörte nicht zu unserem Hoheitsgebiet, aber weil an diesem frühen Sommernachmittag noch keine *Banden* unterwegs waren, traute ich mich auf verbotenes Gelände.

Er trug eine dunkelblaue kurze Strickhose, alles in rechten Maschen, auch die Hosenträger. Die waren etwas zu kurz und zogen den Bund fast auf Brusthöhe. Ich fand Strickhosen noch blöder als Lederhosen, aber das interessierte mich jetzt nicht. Ich starrte mit offenem Mund auf den Jungen, dem die oberen Schneidezähne fehlten. Er hatte eine Scheibe Graubrot mit dick Quark obendrauf. Wenn er reinbiss, blieb der Quark da stehen, wo die Zähne fehlten. Ich war fasziniert. Ich schluckte, wenn er schluckte, und ich wünschte mir keine Zähne und ein Quarkbrot. Nachdem er sich das letzte Stück in den Mund gestopft hatte, fragte ich ihn, ob er schon zur Schule ginge, denn dann hätte ich ihn noch ein Stück mehr bewundern können.

Bald, sagte er, nach Weihnachten und wenn dann Ostern kommt. Dann käme ich auch zur Schule, sagte ich nicht ohne Stolz, was ihn aber nicht interessierte, er wollte nur wissen, wo ich wohne. Ich zeigte mit dem ausgestreckten Finger auf unseren Häuserblock und sagte *dort*. Dann gehörst du hier nicht her, sagte er und ich ging wieder auf unseren Häuserblock zu und überlegte, wie ich an ein Quarkbrot kommen könnte.

Von da an wackelte ich jeden Tag an meinen Zähnen, bis einer wie der Deckel vom Märchenbuch nach oben klappte und ich mit meiner Zunge dahinter ein Loch spüren konnte, aus dem auch etwas Blut kam. Wenn ich blutete, tat ich das immer in Verbindung mit Heulen. Aber ich vergaß die Heulerei, weil ich mich darüber freute, dem Ziel ein Stück näher gekommen zu sein.

Als der zweite Zahn raus fiel und eine brauchbare Lücke hinterließ, folgte nicht umgehend die

Einschulung. Darauf musste ich noch so lange warten, wie der Junge mit dem Quarkbrot. Auf ein
Quarkbrot musste ich noch länger warten, eigentlich brauchte ich gar nicht zu warten, weil bei uns
zuhause nur Schmalz, Salami, Streichkäse oder Leberwurst aufs Brot kamen. Und hätte es ein Quarkbrot gegeben, meine Eltern hätten mir niemals erlaubt, es vor dem Spiegel zu essen.

Meine Mutter hatte mir immer wieder versprochen, dass ich lange Haare hätte, wenn ich eingeschult würde. Schon Wochen vor dem großen Tag war mir klar, dass das nicht mehr hinhauen konnte. Den Ärger darüber habe ich wach gehalten, bis meine Mutter das Dirndl mit der weißen Schürze auf mein Bett legte. Gregor wurde in Lederhosen eingeschult, und auch bei mir wurde großen Wert auf Tradition gelegt. Das Dirndl hatte mein Vater selbst genäht, denn bevor er Schauspieler wurde, machte er eine Schneiderlehre.

Frittatensuppe, Kaiserschmarrn, die Schallplatte mit Carl Valentin und Liesl Karlstadt anhören und dazu Mannerschnitten knabbern, das waren Momente da dachte mein Vater bestimmt immer an Österreich und vielleicht hatte er auch ein bisschen Heimweh.

Ich sei jetzt eine kleine Österreicherin (auf dem Papier war ich das von Geburt an), sagte mein Vater, der an meinem Einschulungstag viel fröhlicher war, als all die anderen Tage davor. Auch ich war fröhlich, der Ärger über die Frisur war verschwunden, dafür sorgten ein brauner Lederranzen mit Schiefertafel und Griffel und eine knallrote Schultüte.

Ich wollte mir nicht beim Tragen helfen lassen, auch wenn sich der Weg zur Schule ziemlich in die Länge zog, was aber auch daran lag, dass mein Vater nicht so schnell laufen konnte. Wir waren alle unterwegs an diesem Vormittag. Mein Vater schob den Kinderwagen, in dem Dorothea lag, Eva saß auf einem aufmontierten Aufsatz, meine Mutter hatte Johanna an der Hand und ich lief mit Gregor vorneweg, der nur noch davon redete, was in meiner Schultüte so alles drin sein könnte. Und weil er sich in der Schule schon gut auskannte, hatte er auch gar keine Angst, sich einfach neben mich in der großen Eingangshalle zu setzen, wo man Stühle für die neuen Erstklässer aufgestellt hatte. Die Eltern und Geschwister standen im Hintergrund und hörten zu, was der Direktor an diesem, so wichtigen Tag zu sagen hatte. Ich war furchtbar aufgeregt, erst recht, als die Namen der Einzuschulenden aufgerufen wurden und man mit *hier* antworten musste. Mir klopfte es im Hals, und als ich meinen Namen hörte, konnte ich nur piepsen, worauf mir mein Bruder eine knallte. Also habe ich zur Feier des lang ersehnten Tages erst einmal leise vor mich hingeheult und mir geschworen, dass Gregor von meiner Schultüte nichts abbekommen würde.

Der Direktor sprach dann noch von seiner Freude über den geburtenstarken Jahrgang, und dass vier Lehrerinnen bereitstehen würden, hinter denen sich die Kinder aufstellen sollten, wenn sie beim Namen gerufen würden. Ich kam hinter einer Frau Freitag zu stehen, die uns in das Klassenzimmer brachte, wo wir in Zukunft Unterricht haben würden. Wir sollten uns alle einen Platz suchen, und gerne hätte ich neben Uschi gesessen, die ich aus dem Turnverein kannte, landete dann aber im Getümmel neben einer Renate. Nach der Ohrfeige von meinem Bruder, war dies die zweite Niederlage an diesem wichtigen Datum. Frau Freitag schrieb ihren Namen an die Tafel und manche konnten ihn schon lesen. Ich gehörte nicht dazu. Dafür war ich ziemlich schnell, als sie uns erlaubte, unsere Schultüten aufzumachen und eine Sache rauszuholen. Bei mir war es eine Sparbüchse aus Blech, die wie ein Buch aussah. Wenn man den Buchdeckel aufschlug, öffnete sich auf der ersten Seite eine Vorrichtung, in die man eine Münze legen konnte. Klappte man das Buch wieder zu, schloss sich die Vorrichtung wieder, und das Geld fiel in das hohle Buch hinein. Das Buch klapperte, wenn ich es schüttelte, der Schlüssel zum Öffnen klebte mit Tesafilm auf der Vorderseite. (Der Schlüssel ging ziemlich schnell verloren, das war der Moment für meinen Bruder die Blechkiste aufzuhebeln, um der Mechanik auf die Spur zu kommen und meine Spardose endgültig zu zerstören!) Fünfzig Pfennig lagen in meiner Spardose, da machte auch Renate große Augen.

Frau Freitag teilte noch die Stundenpläne aus, in denen schon alles drinstand, denn wir hätten die Kästchen unter den Wochentagen noch nicht ausfüllen können. Dann durften wir wieder nach draußen gehen, wo alle Eltern und Geschwisterkinder auf uns warteten.

Ich war jetzt ein richtiges Schulkind, dem vier Schneidezähne fehlten und das über ein Vermögen von fünfzig Pfennigen verfügte. Als wir auf dem Rückweg an den Läden vorbeikamen, wo sich der Milchmann und das Schreibwarengeschäft befanden, wollte ich sofort etwas von meinem Geld ausgeben. Im Schreibwarenladen gab es auch Eis, und Gregor machte den Vorschlag, dass ich mir Max und Moriz kaufen sollte, ein Wassereis mit zwei Stielen und einer Sollbruchstelle, damit man zwei Eise draus machen konnte. Die Ohrfeige hatte ich nicht vergessen, er musste sich auch entschuldigen, als ich meinen Eltern davon erzählte. Aber ich war nun auch ein Schulkind, wir hatten etwas gemeinsam, ich war aufgerückt und hoffte auf Anerkennung und zeigte mich großzügig. Wer von uns jetzt den Max oder den Moriz lutschte, war mir ziemlich egal.

Ich wäre dann gerne sofort nach Hause gegangen, um den Inhalt meiner Schultüte zu erkunden, aber weil das Wetter so schön war und bei Frau Mayer noch eingekauft werden musste, zogen wir alle an unserem Haus vorbei und querten den Hirtenweg. Im Haushaltswarengeschäft auf der anderen Straßenseite kaufte mein Vater eine kleine rote Plastikschüssel mit weißen Punkten, die der Verkäufer auf den Boden warf, um zu demonstrieren, dass das Material unzerbrechlich war. Eine Weltneuheit, die meinen Vater so beeindruckte, dass er die Schüssel auch in unserer Küche wiederholt auf den Boden warf. Gregor, Johanna und ich durften auch noch mal werfen und ich freute mich, dass

mein Vater sich so freute, aber auch, weil ich jetzt
ein Schulkind war.

Wir waren im Alphabet bis zum *E* gekommen. Wir schrieben Ei, Eis, Eile und Ente in Druckbuchstaben auf unsere Schiefertafeln und dann hatten wir große Ferien.

Ich hätte jetzt große Ferien, sagte ich Frau Mayer, als ich ein Paket Zwieback einkaufte. Es war mir sehr wichtig, dass Frau Mayer davon erfuhr, und ich hatte auch nichts dagegen, dass alle wartenden Kunden zuhören konnten. Dass wir in Kürze für eine Woche in den Urlaub fahren würden, erzählte mir meine Mutter, als sie kochendes Wasser auf die beiden Zwiebäcke im Babyteller goss, und alles zusammen mit einer Banane zermatschte. Der Brei war für Eva, und ich fragte, ob sie nicht noch irgendetwas anderes brauche, es würde mir nichts ausmachen ein zweites Mal zu Frau Mayer zu gehen. Meine Mutter brauchte nichts mehr, und so rutschte ich auf dem Treppengeländer nach unten, ohne Rücksicht auf die Schmerzen auf der nackten Haut unter dem Sommerkleid, ... ich musste diese Neuigkeit verbreiten. Uschi vom Turnverein und ein paar andere Mädchen aus dem Nachbarblock spielten auf der Wiese mit ihren Puppen.

»Wir fahren in Urlaub!«, rief ich und trampelte auf die Decken, die sie auf dem Rasen ausgebreitet hatten. Das Mädchen mit dem rosa Sommerkleid und den Sandalen mit den Schleifchen schubste mich von den Decken und nannte mich eine blöde Kuh, weil ich hier alles kaputtmachen würde. Sie würden auch in Urlaub fahren, und was da schon dabei sei. Außerdem hätten wir ja gar kein Auto, und wie wir dann in Urlaub fahren würden? Ich kickte ihre Puppe (sie hatte lange, blonde Haare!) von der Decke und nannte sie auch eine blöde Kuh. Daraufhin schubsten mich ihre beiden Freundinnen und auch Uschi vom Turnverein wollte sich nicht auf meine Seite schlagen. Sie seien alle zusammen blöde Kühe, schrie ich, und ich sei froh, sie bald nicht mehr sehen zu müssen, weil wir nämlich wegziehen würden!

Nach dem Abendbrot klingelte es an unserer Haustür. Es war die Mutter von dem Mädchen mit dem rosa Kleid und ich hatte Angst, dass sie sich jetzt beschweren würde, weil ich der Puppe einen Tritt gegeben hatte. Meine Mutter unterhielt sich mit ihr in der Küche und als sie wieder ging, wollte sie sich mit mir unterhalten. Die hätten angefangen, rechtfertigte ich mich schon auf der Strecke vom Kinderzimmer in die Küche, ohne dass meine Mutter darauf einging.

Wie ich denn darauf käme, dass wir wegziehen würden, fragte sie, nahm meine Hände und schaute mir in die Augen.

Es war ein Zufall, dass wir tatsächlich nach dem Urlaub aus Karlsruhe wegziehen würden. Meine Eltern wollten quasi in einer Nacht- und Nebelaktion verschwinden, um den teils bösartigen Mitbewohnern die Chance auf letzte Gemeinheiten zu neh-

men. Aber bevor Geschirr in Zeitungspapier gewi-
ckelt wurde, wurden die Urlaubskoffer gepackt.

Mein roter Puppenkoffer lag schon seit Tagen reisefertig am Fußende meines Bettes. Den schnappte ich mir, als es klingelte und von unten eine Männerstimme durchs Treppenhaus brüllte, dass die Taxen da seien. Wir brauchten zwei, denn in eines hätten wir zu siebt mit dem Gepäck und dem Kinderwagen gar nicht rein gepasst. Die Taxen waren schwarz und mir wurde schon schlecht, bevor ich überhaupt drin saß. Das lag an all den Taxi-Fahrten mit meinem Vater zu seinen Nachuntersuchungen im Krankenhaus. Er nahm gerne mich mit, ich war seine Laufstütze mit der richtigen Größe, behauptete er gerne. Die hatte ich komischerweise immer noch, als ich schon aus meinem geblümten Sommerkleid herausgewachsen war. Mir wurde regelmäßig hundeübel auf den Fahrten, und irgendwann musste ich gar nicht mehr drinsitzen, ich brauchte nur ein schwarzes Auto auf der Straße zu sehen, damit mein Magen rebellierte.

Es sei gar nicht weit, sagte meine Mutter, bevor sie die Autotür zuschlug und ich mit meinem Vater, Gregor und Johanna in das zweite Taxi stieg. Die Fahrt dauerte wirklich nicht lange, aber was ich sah, war alles neu und somit war es für mich weit weg. Ein Gasthaus in Hohenwettersbach, mit zwei rostigen Tischen im Vorgarten, einem verblichenen Sinalcoschirm und einer Wirtin in Kittelschürze. Zum Frühstück gab es Brötchen und Kakao in dickwandigen weißen Tassen, mittags und abends Ungewohntes, auf das ich mich immer freute, weil ich gerne weg von zu Hause gegessen habe. Wenn wir nicht aßen, machten wir Spaziergänge und wenn wir nicht rumspazierten, machten meine Eltern und die Kleinen einen Mittagsschlaf. Bleibt im Garten, hieß es dann, was Gregor und ich auch taten, ohne ein Gefühl von Einschränkung. Der Garten war groß und lag unbeaufsichtigt in der Mittagssonne. Neben einem Mirabellenbaum, Tomaten, Gurken und ganz viel Petersilie, gab es ein Plumpsklo mit einem ausgesägten Herz in der Tür. Wir warfen Steine in das stinkende schwarze Loch im Sitzbrett, über dem eine Fliegenwolke brummte.

»Prinz Eisenherz!«, schrie mein Bruder, und ich dachte, er meinte mich und wollte *Pferdegebiss* hinterherrufen. Aber er meinte die Heftchen. Ein ganzes Bündel Prinz Eisenherz-Heftchen, aufgespießt an einem rostigen Nagel, um sich damit den Hintern abzuputzen. Neben Kaugummi waren für meine Eltern auch Comics Müll aus Amerika, und dabei blieb es. Mit dem *Müll* setzten wir uns auf die Schattenseite der Holzhütte, wo Gregor mir alles vorlas, was in den Sprechblasen stand, denn ich war ja erst beim *E* in der Schule. Dazu aßen wir Mirabellen und Tomaten und hatten überhaupt kein schlechtes Gewissen. Meine Eltern und die kleinen Geschwister hätten ruhig den ganzen Urlaub über schlafen können, Gregor und ich wurden zu Prinz Eisenherz, das heißt, eigentlich nur mein Bruder, obwohl ich die Frisur dazu gehabt hätte. Ich spielte alle Nebenrollen, auf die der Prinz meist draufhaute. Aber ich ertrug mein Los in glücklicher Stimmung, die dann allerdings mit Wolfgang einbrach. Wolfgang wohnte im Dorf und er hatte Prinz- Eisenherz- Hefte. Von da an verbrachte ich die Nachmittage alleine.

Darüber war ich gar nicht glücklich, machte mir aber berechtigt Hoffnung auf ein Ende meines Unglücks, als die Frau ihr Fahrrad an die Gartenmauer lehnte. Sie ging *auf einen Kaffee,* wie die Wirtin ihr zurief, ins Gasthaus, und ich untersuchte den Packen Briefe, der zusammengeschnürt neben dem Fahrrad auf der Erde lag. Auf jedem Brief klebten Briefmarken und weil Gregor Briefmarken sammelte (er hatte zu Hause ein Album mit knisternden Schutzblättern, eine Pinzette und eine Lupe), habe ich alle rausgerissen und in meine Hosentaschen gestopft. Gregor würde sich darüber freuen und wieder mit mir spielen. Die Frau, der das Fahrrad gehörte, freute sich gar nicht. Sie war die Postbotin von Hohenwettersbach und wollte unverzüglich meine Mutter sprechen.

Meine Mutter sprach ziemlich laut von Verantwortung und Leichtsinn und ich war richtig froh, dass sie nicht mit mir schimpfte. Ich legte zwei Hände voll mit Marken auf den Tisch, wo die beiden leeren Kaffeetassen standen. Ich habe nicht alle auf den Tisch gelegt. Die anderen gab ich Gregor nach dem Zähneputzen und nachdem meine Mutter uns eine Geschichte vorgelesen hatte und Gute Nacht

sagte. Leider war der Urlaub am nächsten Tag zu
Ende!

Den Rest der großen Ferien verbrachte ich in Jockgrim. Dort war unser neues Zuhause. Es war gar nicht so weit weg von Karlsruhe. Das Taxi, mit dem wir unseren Möbeln hinterherfuhren, musste nur einmal anhalten, damit ich mich am Straßenrand übergeben konnte. Das Zweifamilienhaus befand sich im Neubaugebiet am Ortsrand. Dort gab es mehr Baustellen als fertige Häuser und die Straßen waren noch nicht asphaltiert. In großen Löchern stand fast immer Regenwasser. In den Pfützen haben wir gerne gespielt. Auch in unserem Garten, der eigentlich noch gar kein Garten war, gab es Pfützen. Meine Mutter hatte im Frühjahr Sonnenblumenkerne in die Erde gesteckt. Die Sonnenblumen wurden riesig.

Ich kannte noch niemanden in Jockgrim, weil ich wegen der Ferien noch nicht zur Schule ging. Gregor ging es genauso und deshalb hat er mit mir auch draußen gespielt. Gleich am allerersten Tag. Da dröhnte plötzlich laute Marschmusik aus Lautsprechern und er sagte zu mir, dass die Russen kämen. Meine Mutter hatte manchmal beim Mittag- oder Abendessen von den Russen und vom Krieg erzählt. Die Russen waren Feinde. In Todesangst rannte ich nach Hause. Meine Eltern konnten mich ganz schnell beruhigen. Dreimal am Tag wurde Jockrim mit der Marschmusik beschallt. Danach gab es Nachrichten zum Welt- und Dorfgeschehen.

Nachdem mein Bruder und ich ein Spargelfeld verwüstet hatten, befürchteten wir, dass die Täter über Lautsprecher gesucht würden. Wir wussten gar nicht, dass es sich um ein Spargelfeld handelte. Der sandige Boden war in langen Reihen aufgehäuft und mein Bruder sagte, das seien Dünen. Also haben wir *Meer* gespielt, haben Reihe um Reihe mit unseren nackten Füßen durchpflügt und uns ins Wasser geworfen, wo keines war. Ein Schlachtfeld. Dass dies ein Spargelfeld sei, sagte uns eine Frau, die kopfschüttelnd und mit drohendem Zeigefinger vorbeikam. Es war eigentlich gut, dass uns noch niemand kannte und auch niemand wusste, wo wir wohnten.

Wir wohnten nur ein gutes Jahr in Jockgrim und es gibt kaum Erinnerungen an Freundinnen. Zu einem Mädchen aus unserer Straße hatte ich mal Arschloch gesagt, … also keine Freundin, aber ich war neidisch, weil sie immer so schöne Kleider anhatte und obendrein noch einen Petticoat besaß. Die rief dann zurück, dass ich selber ein Arschloch wäre, und dann heulte sie. Warum sie heule, habe ich gefragt, ich hätte sie doch gar nicht geschlagen. Sie müsse Sonntag in der Kirche beichten, dass sie Arschloch gesagt habe, und ich sei dran schuld. Hier erkannte ich zum ersten Mal Vorteile, dass wir evangelisch waren.

Lieber Gott, mach mich fromm, dass ich in den Himmel komm! Das beteten wir jeden Abend vor dem Gute-Nacht-Kuss, und ich verstand es als Aufgabe vom lieben Gott, mich fromm zu machen. Gewisse Regeln musste ich einhalten, um in den Himmel zu kommen, das war mir klar. Aber ich tat mich schwer damit.

Dass ich auf den Baustellen an einem Wochenende leere Bierflaschen einsammelte und sie zusammen mit Johanna zu einem Einfamilienhaus schleppte, in dessen zugehöriger Garage Getränke verkauft wurden, war sicherlich kein richtiges Verhalten für den Himmel. Die Familie, die dort wohnte, war sehr nett. Der Vater erzählte uns, dass er das Haus fast alleine gebaut hätte, während seine Frau das Leergut in die Garage brachte. Das taten viele Väter an den Wochenenden, in den unfertigen Häusern hämmern, sägen und bohren. Es war ein schönes Haus, und im Garten wuchsen schon Pflanzen und auf dem grünen Rasen stand eine Schaukel für die drei Kinder. Die schaukelten aber an diesem Tag nicht, sondern saßen auf dem Fußboden vor dem Fernseher. Das Pfandgeld haben wir gleich in eine Flasche Limonade eingetauscht, und weil wir bewegungslos auf den Fernseher starrten, fragte uns die Frau, ob wir mitgucken wollten. Wir haben nicht einmal geantwortet und uns direkt auf dem Linoleum niedergelassen. Die Limonade haben wir aus der Flasche getrunken, ohne ihr die richtige Aufmerksamkeit zu schenken. Die hat der Fernseher geschluckt. Es war unser erstes Mal, dass wir vor einem Fernsehgerät saßen.

Das Fallobst im Garten vom Lebensmittelhändler wurde uns zum Einsammeln freigegeben ... zum ersten und zum letzten Mal. Vom Apfelbaum wären so viele Früchte auf den Boden gefallen, die seien wunderbar, um Gelee zu kochen, meinte der VIVO-Mann und bot meiner Mutter an, sie aufzusammeln. Ich glaube, da fing mein Vater mit dem Marmeladenrühren an. Gregor und ich wurden an einem Nachmittag mit zwei Eimern hingeschickt, und weil uns die Äpfel im Baum besser gefielen, ist Gregor reingeklettert und hat die Äste geschüttelt. Was runter kam, betrachteten wir als Fallobst, die halbfauligen haben wir im Gras liegengelassen.

Allerdings konnte ich so manches in der Müllgrube nicht liegenlassen. Die Müllgrube befand sich auf der gegenüberliegenden Straßenseite unseres Hauses, man musste nur einem Trampelpfad durch das hohe Gras folgen. Den nahmen auch die Leute, die etwas wegwerfen wollten. Der Müllwagen kam von der anderen Seite zum Entladen. Für mich war es eine Fundgrube. Eine Puppe ohne Arm, ein paar Seiten aus einem Mickymausheft, eine zerknautschte Handtasche ... alles Schätze, mit denen ich heimlich spielte. Als ich den Topf ohne Deckel nach Hause brachte, weil ich meinen Eltern eine Freude machen wollte, musste ich den Fundort verraten. Das mit der Freude hatte sich dann erledigt. Statt Dankbarkeit gab es ein Müllgruben-Verbot. Da ich das mit den Verboten aber nie so ernst nahm, musste ich mich darüber nicht ärgern. Es waren all die Rattengeschichten, die mir mein Bruder erzählte, warum ich dann doch meine Schatzsuche aufgab.

Zusammen mit anderen Kindern erkundete ich dann das Gebiet hinter der Müllgrube. Da war viel Wiese, bevor wir zum Ziegelwerk kamen, das von einer hohen Mauer umgeben war, aus der rauchende Schlote ragten. Dahinter fing der Wald an, aber bevor man den betreten konnte, musste man die Bahnschienen queren. Die Züge konnte man von unserem Haus aus hören, und wenn es dunkel war, ratterten all die erleuchteten Fenster in der Ferne vorbei. Ich habe mir das immer ganz gemütlich vorgestellt, durch die Dunkelheit zu fahren, wenn drinnen im Zug das Licht eingeschaltet war. Ich glaube wir wussten, auch ohne dass es unsere Eltern erwähnten, dass wir in dieser Gegend nicht spielen durften. Als Gregor mit seinen langen Lederhosen zweimal in den Otterbach gefallen war, der dort durch den Wald floss, und dann Rheuma bekommen hatte, sprachen unsere Eltern das Verbot auch aus.

Viel weiter rechts vom Ziegelwerk gab es ein Hotel mit einem hohen Turm, das verloren in der Gegend rum stand. Ich entschied, dass es außerhalb der Verbotszone lag und machte mit Johanna einen Ausflug. Im Erdgeschoss war das Restaurant mit Fenstern, die fast bis zum Bürgersteig hinunter reichten. Wir konnten sogar die Beine und die Schuhe von dem Mann sehen, der alleine an einem Tisch saß und uns reinwinkte. Ich rechnete tatsächlich damit, dass wir zum Essen eingeladen würden, und weil ich gerne weg von zu Hause gegessen habe, sind wir reingegangen. Der Mann war der einzige Gast und sein Tisch stand in der hintersten Ecke. Er hatte Schlitzaugen und konnte kein Deutsch. Er klopfte auf die Bank, um uns zu erklären, dass wir uns setzen sollten. Er bestand darauf, dass ich mich neben ihn setzte. Dann streichelte er meine Beine und ich musste von seinem Löffel Kartoffelsuppe essen. Das fand ich ekelig, aber noch ekeliger fand ich, dass er mich auf den Mund küsste und dabei mit seiner Zunge an meine Zähne stieß. Da wollte ich sofort wieder gehen, aber die Groschen und Pfennige, die er vor uns auf den Tisch legte, ließen mich sitzen. Als er seine Hand unter meinen Rock schob, strich ich die Münzen von der Tischdecke und wir gingen. Allerdings nicht gleich nach draußen, weil ich am Tresen das Geld sofort umsetzen wollte. Drei Stangen Storkkaramellen gab es dafür. An denen kauten wir noch, als wir schon zu Hause waren. Natürlich fragte meine Mutter, wo die herkämen und Johanna sagte, von dem Mann, der Maria geküsst hat. Das müssen wir der Polizei melden, sagte meine Mutter. Vor der Polizei hatte ich noch mehr Angst, als vor den Russen. Es dauerte ziemlich lange, bis meine Mutter dort ankam, wo es ein Telefon gab (wir hatten immer noch keins) und noch mal so lange, bis der Polizist bei uns klingelte. Der nahm seinen Hut ab und legte ihn auf den Küchentisch. Davon ist meine Angst nicht weggegangen. Er schrieb alles auf, was ich erzählte. Ich musste alles erzählen, auch das mit der Zunge in meinem Mund. Da hat der Polizist gelacht und ich fühlte mich schuldig.

Wenn ich mal wirklich Schuld an irgendetwas hatte, habe ich meistens gesagt, dass ich das nicht war. Manchmal habe ich die Schuld sogar auf andere geschoben. Einmal auf Eva. Sie war noch ganz klein und sie und Dorothea rannten mit Stoffwindeln um den Hals herum, weil beide Keuchhusten hatten, und wenn sie kotzen mussten, dann sollten sie es in die Windel tun. Wir drei standen am Rand des Kraters einer Jauchegrube. Das heißt, es war nur das Loch, das der Bagger an der Baustelle nebenan gegraben hatte. Später wurden die Betonringe eingelassen und dann kam der Deckel drauf. Eine Kanalisation gab es noch nicht in dem großen Neubaugebiet von Jockgrim. Ich sagte meinen kleinen Schwestern, dass ich rein springen könnte und auch alleine wieder raus käme. Das glaubten sie nicht und sie hatten recht. Ich kam nicht mehr raus, die Erdwände waren viel zu steil. Unsere Mutter war nicht zu Hause, also mussten sie unseren Vater rufen. Der war völlig überfordert, als er mich da unten in der Grube stehen sah. Er wankte zurück in die Wohnung, um einen Besen zu holen. Den reichte er mir nach unten, ich kam aber nicht ran. Dann kniete er sich (das ging alles nicht mehr so einfach, seit er Frührentner war), ich konnte auch den Besenstiel fassen, er aber drohte nach vorne über in die Grube zu kippen. Seine Stimme wurde zittrig, es klang nicht richtig nach Schimpfen, da war auch ein bisschen Angst dabei. Die hatte ich auch, nicht, weil ich befürchtete nicht mehr rauszukommen, sondern vor dem, was kommen würde, wenn ich draußen wäre. Das schafften wir, indem sich mein Vater auf den Boden legte und den Besen noch tiefer herunterlassen konnte. An dem zog ich mich unter dem Gestöhne meines Vaters nach oben und zeigte umgehend auf Eva.

»Die hat mich reingeschubst!«

Seiner Philosophie, die Kinder niemals zu schlagen, ist er an diesem Nachmittag untreu geworden. Eva weinte bitterlich und ich klopfte mir mit gesenktem Kopf die Erde aus den Kleidern. Die nächsten Tage habe ich viel mit Eva gespielt, obwohl ich es sonst ziemlich langweilig fand, mit den Kleinen zu spielen.

An den Kindergeburtstagen haben wir immer alle zusammen gespielt. Dann backte meine Mutter einen Obstkuchen mit Pfirsichen aus der Dose und einen Marmorkuchen. In einem Körbchen lagen die Preise, die man bei den Spielen gewinnen konnte. Ich konnte stundenlang all die Anspitzer, Bleistifte, Radiergummis, Abziehbildchen, Trillerpfeifen, Glasmurmeln und Kreisel betrachten und mir überlegen, was ich denn wohl am liebsten beim Topfschlagen bekommen würde. Ich habe im Februar Geburtstag und der fiel manchmal mit Karneval zusammen. Dann kamen die eingeladenen Kinder alle verkleidet. In Jockgrim war ich Gänseliesel. Das hatte ich mir nicht ausgesucht. Das bestimmte meine Mutter, weil ich einen Rock brauchte. Den hat sie mir genäht. Aus demselben Stoff gab es ein Kopftuch und weil ich immer noch keine langen Haare hatte, flocht sie mir Zöpfe aus gelber Wolle, die sie an ein Haarband nähte. Die Zöpfe baumelten dann unter dem Kopftuch hervor. Ich bekam noch eine Weidenrute in die Hand, aber das erklärte all den Indianern, Cowboys, Prinzessinnen und Clowns nicht, was ich eigentlich war.

Auch in die Schule sollten wir verkleidet kommen und ohne Ranzen. *Ja das geht humba, humba, täterä …* haben wir alle gesungen und eine Polonaise durch das ganze Schulgebäude gemacht. Ich war begeistert, auch wenn ich den Text am Anfang nicht richtig mitsingen konnte. Aber das Lied dröhnte immer wieder durch die Lautsprecheranlage der Schule und irgendwann konnte ich ohne Fehler mitgrölen. Die Stimmung habe ich bis nach Hause mitgenommen. Auch Gregor war noch begeistert vom *Humba, Humba, Täterä,* mit dem wir als Zweierpolonaise um den Küchentisch stampften. Mir taten meine Eltern und Geschwister fast ein bisschen leid, dass sie das nicht miterleben durften.

Am Baggersee war die Stimmung auch gut. Da kam ich mit vor wie im Urlaub am Meer, obwohl ich es noch nie gesehen hatte. Der Baggersee war irgendwo im Wald in der Nähe vom Ziegelwerk. Eine lauwarme, graue Brühe in einer riesigen viereckigen Grube. Da hatte man Ton für die Ziegel rausgebaggert, bevor sie sich mit Regenwasser füllen konnte. Wir hatten keine Badesachen dabei, als wir den See entdeckten. Das war an einem heißen Sommertag. Ich glaube, wir hatten schon Ferien, denn es war ein Vormittag, an dem wir in Unterhosen in das warme Wasser reinglitschten. Ob wir wollten, oder nicht, wir rutschten am aufgeweichten steilen Ufer ab und fielen in den Tümpel. Ich wollte eigentlich nicht, weil ich nicht schwimmen konnte. Die anderen Kinder plantschten los, und ich versank mit meinen Füßen im Schlick. Zog ich einen Fuß wieder raus, machte es ein Schmatzgeräusch und mit dem anderen ging es ein Stück tiefer. Es war gar nicht einfach, bei dem Gekreische der anderen Kinder mir bei Gregor Gehör zu verschaffen. Er wusste, dass ich nicht schwimmen konnte, und schob mir ein Brett zu, das auf dem Wasser dümpelte. Das wurde meine Schwimmhilfe, mit der ich durch den Baggersee strampelte. Irgendjemand fing an, mit dem aufgeweichten Ton zu schmeißen. Dann bewaffneten wir uns alle. Eine Schlammschlacht sozusagen. Danach waren wir alle grau. Von den Haaren bis zu den Füßen. Abspülen half nicht. Wir legten uns alle zusammen in die Sonne. Sieben Kinder wie aus Beton gegossen. Das Grau wurde während des Trocknens heller, die Haut spannte, und als die Sirene vom Ziegelwerk zur Mittagspause rief, sprangen mein Bruder und ich auf, denn Zuspätkommen war bei uns nicht erlaubt. Wir bekamen überall Risse. Die Farbe aber blieb. Nur das Rot der Lippen und das Weiß unserer Augen hoben sich ab. Wir mussten lachten und dann kamen die Zähne und die knallrote Zunge dazu. Als wir uns die bunten Straßenkleider übergezogen, lachten wir alle, dass uns die Luft weg blieb.

Auf dem Nachhausweg verging uns das Lachen. Nur mit Händewaschen vor dem Essen war da nichts zu vertuschen. Ich glaube, meiner Mutter fiel es nicht leicht, ernst zu bleiben. Aber sie war ja Schauspielern. Am Nachmittag durften wir nicht nach draußen, und am Tag danach haben wir den See nicht mehr gefunden.

»Mama, der Gregor ärgert uns!«

Den Satz haben wir Mädchen häufig aus Notwehr gebrüllt. Es gab aber eine Zeit, da herrschte Friede, da gab es nur gelegentlich Kämpfe um Wollreste. Wir befanden uns in den großen Ferien und im Stricklieselfieber!

Gregor, Johanna und ich hatten eine Strickliesel, eine Holzpuppe mit vier Haken im Hut und einer Bohrung vom Kopf bis zu den Füßen, das heißt, Gregor hatte eigentlich nur eine alte Garnrolle aus Holz in die er vier Nägel eingeschlagen hatte. Wir saßen in unserem Kinderzimmer und produzierten Wollwürste um die Wette. Gregors Wurst ging schon von einer Wand zur anderen.

Das Wetter sei doch viel zu schade, um hier drinnen zu sitzen, sagte meine Mutter, wir sollten doch nach draußen gehen, sie würde auch die große Zinkwanne zum Plantschen aufstellen. Es war klar, dass wir dabei auf die Kleinen aufpassen sollten. Auf die hatten wir gar keine Lust. Es war Gregors Idee, dass wir uns ein Zelt bauen sollten, an dessen Eingang er ein Schild hängen wollte. *Zutritt für Eva und Dorothea verboten!*

Ich sagte ihm, dass die doch noch gar nicht lesen könnten, fand die Idee mit dem Zelt aber gar nicht schlecht. Wir könnten weiter an unseren Wollwürsten arbeiten, ohne gestört zu werden. Wir schleppten alle Decken nach draußen, die meine Mutter uns erlaubt hatte. Das Zelt war eine wackelige Konstruktion und fiel immer wieder zusammen, wenn wir uns im beengten Raum falsch bewegten.

»Da habt ihr aber ein Scheißzelt!«, das war die Stimme des Nachbarjungen. Wir hatten wenig Kontakt zu diesen Nachbarn, nur wenn sie zu uns rüber kamen und fragten, ob wir Rettiche haben wollten, gab es zwischen den Müttern ein kurzes Gespräch. Eigentlich wollten wir gar keine Rettiche, ich glaube, meine Mutter hat nur welche aus Mitleid genommen, weil der Garten voller Rettich stand.

»Und ihr habt scheiß Rettiche!«, schrie ich zurück, während ich mal wieder die vordere Stange vom Zeltgerüst festhalten musste, damit Gregor die Decken erneut drüberspannen konnte. Das würde er seiner Mutter sagen, wir hätten ja auch von dem Rettich gegessen. Dann schrie Gregor, weil Johanna die hintere Stange schief hielt, worauf der Nachbarsjunge meinte, dass mein blöder Bruder nicht mal ein Zelt bauen könnte. Darauf schrie ich zurück, dass mein Bruder überhaupt nicht blöd sei, der könne sogar mit der Strickliesel stricken. Das sagte ich nicht ohne Stolz, verstand allerdings nicht, warum der Nachbarsjunge vor Lachen auf die Knie fiel, und Gregor mich ins zusammenstürzende Zelt zerrte und unter einem Berg Decken verprügelte.

Die Wolle, die er danach nicht mehr brauchte, habe ich mir mit Johanna geteilt.

Als die Ferien zu Ende waren und wir wieder zur Schule gingen, fehlte ein Mädchen. Ihr wurde der Blinddarm rausgenommen. Sie war eine Woche im Krankenhaus, und als sie wieder kam, hat unsere Lehrerin sie besonders begrüßt, und wir mussten alle ein Lied für sie singen. Für mich hätte nie jemand singen müssen, ich habe mir selbst den ganzen Tag Lieder vorgesungen. Gegen die Aufmerksamkeit der Lehrerein hätte ich allerdings nichts gehabt, was mich aber am allermeisten beeindruckte, waren die drei Mahlzeiten, die man im Bett zu sich nehmen konnte, wenn man im Krankenhaus lag. Ich hatte mir schon die Schneidezähne für ein Quarkbrot rausgerüttelt, warum sollte das mit dem Blinddarm und den drei Mahlzeiten weg von Zuhause nicht auch klappen!

Wegen *anhaltenden Bauchschmerzen* (bei weiterhin gutem Appetit!) ging meine Mutter mit mir zur Hausärztin. Das konnte man zu Fuß tun, denn sie wohnte in unserer Straße. Wo sie auch drückte, und ob sie meine Beine streckte oder anwinkelte, ich bekundete Schmerzen. Das könne eine Blinddarmreizung sein, sagte sie und schlug vor, dass ich ein paar Tage zur Beobachtung ins Krankenhaus sollte. An Beobachtung hatte ich gar nicht gedacht, das schien mir sofort sympathisch, die Ärzte würden nur schauen und keine Spritzen verteilen. Drei Mahlzeiten in einem Mehrbettzimmer, nur der Kamillentee machte mir Sorgen. Ich konnte Tee nicht einmal riechen!

Zuhause packte meine Mutter einen kleinen Koffer und wir fuhren mit einem Taxi in das Krankenhaus. Nach der Taxifahrt war mir wirklich schlecht, und die Übelkeit nahm auch die Vorfreude aus meinem Gesicht. Das nutzte aber nichts, es war kein Bett mehr frei, nur wenn die Beschwerden sich verschlimmern würden, sollten wir uns wieder melden. Ein anderes Taxi brachte uns nach Hause. Danach war mir so richtig schlecht, passend zur Stimmung.

Meine Stimmung befand sich auch ganz unten, als mir gesagt wurde, dass ich nicht im Umzugswagen mitfahren dürfe, der unseren Hausrat von Jockgrim nach Feilbingert bringen sollte. Feilbingert wurde zu unserer neuen Heimat, weil der Vermieter in Jockrim selbst in die Wohnung einziehen wollte. Feilbingert war das Dorf mit dem Blick auf den Rotenfels. Das Dorf bestand aus zwei Teilen. Aus Feil und aus Bingert. Dazwischen gab es ein Stück Straße, an dem das Lehrerhaus, die Schule und fünf unverputzte Einfamilienhäuser standen. Es war das mittlere, das meine Mutter für uns gefunden hatte.

Uff de Fels … sagten die Einheimischen. Die Felsbrocken lagen auch in unserem Garten. Als der später angelegt wurde, haben wir Kinder alle mitgeholfen die Steine aus der Erde zu buddeln. Gregor war der stärkste und schleppte die schwersten Brocken. Der Bauer Bühler stellte einen leeren Traktoranhänger bei uns ab. Dreimal mußte er ihn vollbeladen wieder abholen. Dann fingen meine Eltern mit dem Pflanzen an. *Senga Sengana* (konnte ich mir wie *Rhyolit* merken) hieß die Erdbeersorte, von der etliche Reihen das geräumte Erdreich durchzogen. Um die ersten Früchte haben wir uns geschlagen. Ein Jahr später hatten wir eine Erdbeerschwemme. Wir aßen sie täglich. Es gab sie mit Zucker, sie lagen auf Tortenböden und wurden zu Marmelade gerührt. Da musste ich feststellen, dass bei Überfluss ganz schnell das Interesse nachläßt. Vom Mangel hat man irgendwie mehr, wegen der ständigen Sehnsucht.

Uff de Fels … dieses Stück Straße verband die beiden Ortsteile. Feil war evangelisch und lag oben auf dem Berg, Bingert war katholisch und lag unten. Jeder Ortsteil hatte seine Kirche, aber der einzige Friedhof befand sich in Feil, und darüber hatte sich so mancher Bingerter sicherlich zu Lebzeiten Gedanken im Zusammenhang mit seiner letzten Ruhe gemacht. Endstation im Feindesland. Der eigene Bereich für die jeweilige Konfession war wahrscheinlich nur ein schwacher Trost.

Als Tisch, Stuhl und Bett in dem Möbelwagen verschwanden, wusste ich noch nichts von dem kriegsähnlichen Verhältnis der beiden Lager. Zu welchem man gehörte, lernten die Kinder schon im Kindergarten, in der zweigeteilten Schule wurde es dann gelebt.

Zwei Männer rannten treppauf und treppab und schleppten aus der Wohnung alles raus, bis nur noch unsere Stimmen und die Schritte darin hallten. Die Männer waren nett, sie hoben uns mit ihren starken Armen ins Fahrerhaus und ließen uns dort spielen. Ich mochte starke Männer, vielleicht, weil mein Vater kein starker Mann mehr war. So erinnere ich mich überhaupt nicht mehr, dass mir im Alter von vier Jahren in Karlsruhe die Mandeln geschält wurden. Ich habe aber nicht vergessen, wie mich der Taxifahrer nach dem Eingriff in den vierten Stock getragen hatte. Ich wollte gar nicht mehr abgelegt werden!

Meine Mutter war damit beschäftigt, unsere alte Wohnung besenrein zu hinterlassen, als ich meinen Protest in den leeren Räumen widerhallen ließ. Die Lautstärke entsprach meinem Bedürfnis, aber das meiner Eltern lag wo ganz anders. Ich als große Schwester solle mit den Kleinen mitfahren, ich könne ja auch so gut mit Kindern umgehen.

Dass ich so gut mit Kindern umgehen könne, wurde mir immer wieder eingeredet, bis ich es selbst glaubte. Und weil ich es selbst glaubte, hat es auch irgendwann gestimmt. Ich musste gar nicht mehr darüber nachdenken, ob ich als Frau auch mal Kinder haben wollte. Das war entschieden. Ich wusste nur nicht, wie die in meinen Bauch kommen sollten.

Ich habe dann meine Mutter gefragt, die musste es wissen, weil ihr Bauch schon wieder dick wurde. Da wohnten wir mittlerweile ein gutes Jahr in Feilbingert und ich war neun Jahre alt. Ich war krank, brauchte also an diesem Tag nicht zur Schule gehen und durfte tagsüber auf dem Sofa liegen, während meine Mutter die Löcher in Socken und Strumpfhosen stopfte. Meine Frage ließ sie den Strumpf samt Stopfpilz in den Schoß legen und nach Worten suchen. Offensichtlich fand sie nicht die richtigen, denn dann suchte sie nach einem Buch und schlug mir die Seite mit neun Abbildungen auf. Die gaben wieder, wie so ein Baby heranwächst, bis es auf Welt kommt. Das Hinein interessierte mich allerdings viel mehr, aber meine Mutter fluchte nur, als sie im Nähkasten nach der blauen Stopfwolle kramte.

Also wie …? fragte ich und sie fädelte einen neuen Faden ein und sagte, … *also das ist so …*

Das *So* fand ich widerlich, ich wollte nicht, dass irgendjemand seinen Pullermann in mich hineinsteckt, auch wenn meine Mutter behauptete, dass man das, wenn man erwachsen ist, schon wollte.

An diesem Nachmittag traf ich die Entscheidung SOS- Kinderdorf-Mutter zu werden. Damit kannte ich mich aus, meine Eltern spendeten jedes Jahr und bekamen dafür einen Kalender, den die Kinder aus den Dörfern gemalt hatten. Die Mütter hatten keinen Mann, bekamen ein Haus, jede Menge Kinder und Geld am Monatsende. So könnte ich all das umgehen, wofür ich mich schämte, weil meine Mutter das nun schon sechsmal gemacht hatte. Überhaupt alle Eltern, die Kinder hatten, machten mich von da an ein bisschen verlegen.

Ich war aber noch nicht erwachsen und hatte nur den einen Wunsch, im Umzugswagen mitzufahren. Und weil nicht alle Wünsche in Erfüllung gehen, saß ich hinten im Taxi neben meinen kleinen Schwestern. Ich bekam einen Fensterplatz, damit ich die Scheibe runterkurbeln konnte, wenn ich frische Luft brauchte. Die nutzte nicht viel, ich kotzte dreimal an den Straßenrand, bevor wir in Feilbingert eintrafen.

Unser Haus war das in der Mitte von den fünf Häusern. Alle waren noch unverputzt und standen auf brauner Erde. Nur beim ersten Haus sprießte schon das erste Grün vom Rasen im Vorgarten, in dem eine nackte Frau mit empor gestreckten Armen aus Stein stand. Es war das einzige Haus, das schon bewohnt war, und am Küchenfenster hingen weiße Gardinen. Das dauerte bei uns noch ziemlich lange, bis dort welche hingen. Wenn es dunkel wurde, blickten wir in den ersten Monaten auf die schwarzen Scheiben und wenn man von draußen nach drinnen guckte, sah man die Glühbirne von der Decke baumeln.

Das Taxi war vor dem Möbelwagen da, und so konnte ich schon durch das leere Haus rennen und war begeistert von der Treppe die nach oben führte. Es war ein kleines Haus, aber es war ein ganzes Haus für uns und es hatte einen Garten. Es roch nach frischer Farbe, die hatte meine Mutter ein paar Tage vorher mit Gregor an die Wände, Türen und Fensterrahmen gepinselt. Dafür sind sie mit dem Zug hingefahren, und Gregor bekam danach einen Dolch geschenkt, den sie in einem Andenkenladen in Bad Münster kauften. Da war ich ziemlich neidisch.

Das Haus haben meine Eltern gekauft. Es kostete sechsundfünfzigtausend Mark und ich wunderte mich, dass wir uns ein Haus leisten konnten, wo doch immer mal wieder die Bonbondose leer war, weil das Geld nicht reichte. Außerdem bekamen wir weiterhin Pakete von Freunden und Arbeitskollegen, die uns abgelegte Kleidung schickten und manchmal auch ein paar Süßigkeiten. Die schönsten Kleider passten meistens Johanna, die trug dann zu ihren langen blonden Haaren auch schon mal was in Rosa. Gab es Schuhe in den Paketen, und waren sie noch so schön, wurden sie weggeworfen, weil mein Vater behauptete, dass getragene Schuhe die Füße kaputtmachen.

Nein, wir seien jetzt nicht reich, sagten meine Eltern, wir müssten jeden Monat einhundertachtzig Mark bezahlen, das sei aber weniger, als eine Miete und es würde vierzig Jahre dauern, bis das Haus wirklich uns gehöre. Meine Eltern fingen mit der günstigen Miete im Oktober an, die jetzt aber Rate hieß. Unseren Einzug feierten wir auf der Kirmes. Davon gab es zwei, eine in Feil und eine in Bingert. Eine für die Evangelischen und eine für die Katholischen. Daran hielten sich die Dorfbewohner. Getanzt wurde dort, wo man hingehörte. Wir gingen nach Feil, auch wenn mein Vater katholisch war. Meine Mutter und wir Kinder waren evangelisch und wir waren in der Mehrzahl. Ich ordnete mich nicht ohne Stolz einer Gruppe zu und verprügelte später Katholiken, nachdem mir mein Bruder das Boxen beigebracht hatte.

Auf dem Marktplatz gab es ein Karussell, eine Schiffschaukel, eine Schießbude, einen Losverkäufer und einen Wagen mit Süßigkeiten und gebrannten Mandeln. Entweder Karussell oder Schiffschaukel, sagte meine Mutter, und ich steig in die Schiffschaukel, die man stehend mit eigener Körperkraft in Schwung bringen musste. Danach entschied ich mich nach langen Überlegungen für ein Nappo, meine Mutter schoss eine Plastikrose, in Johannas Haaren klebte Zuckerwatte und Eva und Dorothea saßen in einem Feuerwehrauto und drehten sich auf dem Karussell. Gregor war verschwunden, der spielte mit seinem neuen Freund, den er schon in der Anstreich-Woche kennengelernt hatte. Für die Leute aus dem Dorf waren wir eine weitere Jahrmarktsattraktion, ... *die wohne jetz uff de Fels,* sagten sie, und ein Mann sagte ... *ajo so e bissje Frischfleesch is aach net vekeehrt.*

Das habe ich gar nicht verstanden, auch nicht, dass mein Vater, der zu Hause geblieben war, die mitgebrachten gebrannten Mandeln erst am Abend essen wollte.

Zur Schule mussten wir nur über die Strasse laufen. Ein langgezogenes Gebäude mit einer offenen Pausenhalle für schlechtes Wetter, einem Schulhof und viel Wiese drum herum. Die Schule musste so lang sein, weil in einer Hälfte die katholischen Kinder unterrichtet wurden und in der anderen die evangelischen. Durch die Pausenhalle und über den Hof lief eine unsichtbare Linie, die nicht übertreten werden durfte. Wenn das doch mal passierte, gab es Schläge von der Seite, auf der man sich verbotenerweise befand. Das war neu für mich, auch dass vier Klassen in einem Raum zusammen saßen und es dafür nur ein Fräulein gab. Die hatte ganz grusselige Haare und ein Vogelnest auf dem Kopf. Sie wohnte im nahegelegenen Lehrerhaus, und da ging sie zwischendurch auch mal hin und zog sich um, während die Großen sich neben die Erstklässer setzen durften, um mit denen ein oder zwei *Päcksche* zu rechnen. Das Fräulein hatte viele Kleider.

In den Pausen konnte ich zu unserem Haus rüberschauen und hatte meistens klebrige Hände von meinem tropfenden Marmeladenbrot, das in einer dünnen Papierserviette eingewickelt war. Ich hätte auch gerne Butterbrotpapier gehabt, wie die anderen Kinder, die aber beneideten mich, weil ich von weit her kam und schon zweimal woanders wohnte. Ich bekam neue Freundinnen, aber nicht alle durften am Nachmittag zum Spielen raus. Vielleicht, weil die Eltern Bauern waren und es immer viel zu tun gab. Bei uns *gab es auch immer viel zu tun,* wie meine Mutter sagte, und deshalb musste man nach den Hausaufgaben fragen, ob man rausgehen durfte, oder ob noch was zu tun sei. Ich fragte meist, wenn meine Mutter nach dem Mittagessen auf dem Sofa schlief und mein Vater auf dem Schreibtischstuhl saß, und mit einem Auge ermattet aus dem Fenster guckte, nachdem er die Geschirrberge abgewaschen hatte. In diesem Zustand fiel ihnen so schnell nichts ein, und jeder schickte mich nuschelnd zum andern. Und wenn ihnen nichts einfiel, dann ging ich bei Wind und Wetter nach draußen und kam erst zum Abendbrot wieder. Abendbrot gab es bei uns immer um sechs. Wer zu spät kam, riskierte Wasser und trockenes Brot. Mein Vater hatte sogar einmal meine Uhr verbrannt. Die hatte ich von einem ehemaligen Schauspielerkollegen geschenkt bekommen. Sie kam zusammen in einem Paket mit Bettwäsche. Ich liebte meine Uhr, und ich liebte die Bettwäsche. Die liebten eigentlich alle, weil sie bunt war. Wir stritten darum, wessen Bett wann damit bezogen wurde. Die Bettwäsche war noch da, als meine Uhr schon weg war. Ich kam an diesem Abend wohl ziemlich spät nach Hause. Mein Vater meinte, da bräuchte ich auch keine Uhr mehr und öffnete die kleine Klappe vom Wohnzimmerofen, in dem die Briketts loderten und warf sie rein. Mein Vater war gegen Schlagen, und deswegen verfeuerte er auch Gregors heißgeliebte Märklinlokomotive, als er wieder einmal völlig durchnässt nach Hause kam, und sein Rheuma von neuem anfing. Unser Hausarzt musste kommen. Der kam aus Ebernburg und drehte zweimal wöchentlich in den umliegenden Dörfern gegen Abend seine Runden. Zu uns kam er jedes Mal ganz automatisch, weil mein Vater ständig ein Rezept für Augensalbe brauchte. In unserem Apotheken-schrank sammelte sich die Augensalbe wie das Rei-chenhaller-Salz in der Küche. Der Hausarzt stank furchtbar aus dem Mund, und ich hoffte immer, dass er nicht soviel reden musste, weil man ihn in unse-rem Haus immer noch riechen konnte, wenn er schon längst weg war. Der hatte Gregor ein Gipsbett ver-schrieben, das war der Abdruck von seinem Rücken. Darin musste er viele Nächte liegen. Das war mir ziemlich egal. Schlimm fand ich nur, dass in das Gips-bett jede Menge Quark geschmiert wurde. Das sollte helfen. Ich trauerte. Mit Milch und Zucker angerührt, wäre das Nachtisch für mehrere Tage gewesen.

Bei uns gab es jeden Tag Nachtisch. Meistens war es Obst. Das wurde nicht nach Gewicht eingekauft, sondern nach Stückzahl. Also mit jedem zusätzlichen Kind erhöhte sich die Anzahl der Äpfel, Orangen, Birnen oder Bananen. Bei meinen Freundinnen stand meist ein Korb mit Obst auf dem Küchentisch. Die durften sich bedienen, wann sie wollten. Das war bei uns nicht der Fall. Weder stand bei uns das Obst einfach nur so rum, noch durften wir zwischendurch einfach zugreifen, und generell sollten wir zwischen den Mahlzeiten nichts essen. Wenn allerdings im Lebensmittelladen *KOMA* die Bananen schwarz wurden und keiner sie mehr kaufen wollte, bekam ich sie geschenkt. Und weil sie von meiner Familie auch keiner wollte, waren die matschigen Bananen alle für mich allein. Das war ein Festessen ohne Konkurrenz oder eingeteilte Portionen.

Wenn es Quarkspeise gab, haben wir alle darauf geachtet, dass die Portionen gleich waren. Gregor fühlte sich immer benachteiligt. Einmal hat er behauptet, dass er die ganze Schüssel alleine aufessen könnte. Darauf hat sich mein Vater eingelassen. Wir Kinder saßen drum herum und haben zugeguckt, wie er Löffel für Löffel in sich hinein schob. Er hatte es geschafft, da blieb uns nicht einmal was zum Auskratzen übrig. Ich habe mich dann auch für diese Wette gemeldet, aber das Spiel wurde nur einmal gespielt.

Manchmal hätte ich um den Nachtisch weinen können. Wenn die Stückzahl vom Obst nicht reichte, machte mein Vater Obstsalat daraus, damit es mit der Verteilung besser klappte. Das war kein Gemisch aus verschiedenen Früchten, das war ein Einobstsalat. Mein Vater filetierte die Orangen nicht mit Liebe, er zerlegte sie, ohne auf eine gewisse Ästhetik zu achten, nachdem er sie schon schlampig geschält hatte. Er strich auch die Brote schlampig, die man ins Bett bekam, wenn man krank war. Ich konnte sie nicht essen und habe immer versucht es zu organisieren, dass sich jemand anders um meine Mahlzeiten kümmerte.

Wenn mein Vater allerdings Pfannkuchen oder Palatschinken oder Kaiserschmarrn oder Kartoffelpuffer oder Kartoffelnudeln mit gezuckerten Semmelbröseln machte, hat sich keiner von uns beschwert. Da saßen wir schon in der Schule unruhig auf den Stühlen, und wenn wir uns in den Pausen trafen, erinnerten wir uns gegenseitig, was uns zum Mittagessen erwartete. Damit fing mein Vater um zehn Uhr an, und wenn wir Punkt ein Uhr alle um den Küchentisch saßen, holte er den Berg aus dem Backofen, wo er warmgehalten wurde. Zum Erkalten kam der Haufen nicht, auch nicht der letzte Krümel, den noch irgendjemand mit dem Finger vom Blech wischte.

Der Lieblingsnachtisch von allen war Eis. Das gab es an heißen Sommertagen, und wenn die Kasse nicht zu knapp war. Da wir keine Kühltruhe hatten, musste das Eis direkt nach dem Mittagessen besorgt werden.

Meistens bin ich losgerannt, weil ich schnell war. Einmal wollte ich einen Rekord aufstellen und alle schauten auf die Küchenuhr, als ich mit dem Geld in der Hand und dem Einkaufsbeutel lossauste. Das Eis gab es beim Bäcker und der war in Feil. In der Regel meckerten wir, wenn wir Brot kaufen sollten, weil es so weit war. Aber Eis war eben kein Brot. Ohne einmal stehen zu bleiben rannte ich den Berg nach oben und bog mit unveränderter Geschwindigkeit in die Oberhauserstraße ein. Dann blieb mir die Luft weg und ich taumelte vor einem abgestellten Mähdrescher. Ich war direkt in die Spitze eines der metallenen *Stoßzähne* rein gerannt. Und wäre da nicht mein Brustbein gewesen, hätte es an diesem Tag kein Eis zum Nachtisch gegeben.

Die Nachtische, die Süßspeisen, der Sonntagsgugelhupf, das Eis an heißen Tagen, waren unsere Zuckerquellen. Für mich hätten sie ständig sprudeln können, aber weil sie das nicht taten, habe ich mir Zucker aus dem Küchenschrank geklaut, oder ich habe vorgegeben mit dem Kaufladen spielen zu wollen, dem dann die Plastikschubladen mit Mehl, Haferflocken und Zucker aufgefüllt wurden. Die habe ich gleich ohne großes Verkaufgespräch in mich hineingeschüttet. Ich bediente mich aus den Osternestern und Weihnachtstellern meiner Geschwister, ich klaute Bonbons von den Geburtstagstischen und ich schmolz Evas Lindt-Osterhase (den schickte ihr immer ihre Patentante aus Hannover) auf offenem Feuer in einem eisernen Puppentopf, weil ich Nutella herstellen wollte. Eva hat lange geweint, als sie entdeckte, dass nur noch ein paar Bauklötze und das rote Band mit dem Glöckchen dem goldenen Stanniolpapier Halt gaben.

Nutella lernte ich bei Tante Inge kennen. Eine Schwester meiner Mutter, die auch viele Kinder hatte und mit Onkel Walter, der mit seiner Pfeife im Mund immer so gemütlich aussah, in der Nähe von Hannover wohnte. Dort durften Gregor und ich einmal ganz alleine mit dem Zug hinfahren und zwei Wochen in den Sommerferien verbringen. Wir bekamen extra

Taschengeld mit, das Gregor schon in Frankfurt für ein heißes Würstchen ausgab, die ein Mann mit einem Bauchladen auf dem Bahnsteig verkaufte. Der Zug hielt nur kurz, damit die Fahrgäste aus- und einsteigen konnten und ich geriet mit meinen elf Jahren und ohne großen Bruder (dem wurde gerade Senf auf den Pappteller gedrückt, als der Schaffner in seine rote Trillerpfeife blies) dermaßen in Panik, dass ich die Reststrecke nur noch in angespanntem Zustand erlebte. Bei meiner Tante entspannte ich wieder, ich vergaß sogar den Zwischenfall, als ich zum Frühstück mehrere Gläser Nutella auf dem Tisch entdeckte. Bei meiner Tante gab es für jedes Kind pro Monat ein Glas. Sie sollten wohl lernen, sich die Schokocreme selbst einzuteilen. Mein Cousin Gunnar löffelte sein Glas immer gleich am ersten Tag aus.

Wenn ich mit meinen Cousins nicht an irgendeiner Hütte auf dem weitläufigen Grundstück nagelte (Onkel Walter war Architekt und unterstütze die Bauwut seiner Kinder), leckte ich Berge von Rabattmarken ab und klebte sie in unterschiedliche Sammelhefte, die ich dann in den jeweiligen Geschäften einlöste. Tante Inge freute sich darüber, sie habe Jahre nicht mehr geklebt, und ich befürchtete, die nächsten Jahre den Geschmack von Rabattmarken nicht mehr aus meinem Mund zu bekommen. Zehn Prozent vom ausgezahlten Geld durfte ich behalten, und nach zwei Leckmuscheln waren die Spuren beseitigt.

Ich geriet meistens unter Verdacht, wenn etwas fehlte, aber ich konnte gut abstreiten. Und wenn man mir nichts nachweisen konnte, konnte man mich auch nicht bestrafen.

Man konnte mir auch lange nicht nachweisen, dass ich heimlich ins Pfarrheim zur Jugendgruppe ging. Es war mir verboten zur Jugendgruppe zu gehen. Obwohl wir jeden Abend vor dem Schlafengehen beteten, hatten meine Eltern etwas gegen den Pfarrer und auch gegen seine Frau. Warum, würde ich erst verstehen, wenn ich älter wäre. Ihr seid noch zu klein, hieß es immer, wenn sie etwas nicht erklären wollten.

Die Frau Pfarrer (wir sagten immer *Frau Pfarrer* zu ihr) hatte fast so eine Frisur wie ich und ich war froh, dass ich nicht so aussah wie die Frau Pfarrer. Die Frau Pfarrer lächelte dauernd und sprach von Zuversicht und Gottvertrauen. Gottvertrauen hatte ich nicht mehr. Trotz Beten war mein Vater immer noch krank und den Strohhaufen hatte er auch nicht gelöscht.

Ich ging leidenschaftlich gerne in die Jugendgruppe. Im Herbst bastelten wir Tiere aus Kastanien, Eicheln und Bucheckern. Die durften wir mit nach Hause nehmen. Meine habe ich im Keller unter der Kartoffelkiste versteckt. Schwieriger wurde es, als die

Frau Pfarrer ein Theaterstück mit uns einüben wollte. Die Prinzessin auf der Erbse. Alle wollten die Prinzessin sein. Esther hat die Rolle nur bekommen, weil sie lange blonde Haare hatte. Ich sollte den König spielen, das hatte bestimmt auch mit meiner Frisur zu tun.

Ihr Diener schließt das Tor zur Nacht, schließt auch die Fenster mit Bedacht und macht die Fensterläden zu, lasst niemand ein, ich will mein Ruh'!

Den Text habe ich ganz schnell gelernt. Die Esther flüsterte immer nur, dass sie ganz schlecht geschlafen habe, weil sie irgendetwas furchtbar drückte. Ich habe in der Zeit auch schlecht geschlafen, weil mir die Erlaubnis meiner Eltern fehlte, in die Jugendgruppe zu gehen. Die holte ich mir, als ich es nicht mehr ausgehalten habe. Ich bettelte und überzeugte sie, dass ich als König nicht mehr zurücktreten konnte. Sie haben am späten Abend darüber geredet, als wir alle im Bett waren. Beim Frühstück sagten sie dann, *also* … mehr musste ich gar nicht mehr hören. Mein Vater hat mit mir sogar noch an der Dramatik gefeilt, wie ich den Dienern Befehle erteilen sollte.

Zur goldenen Krone trug ich einen gestreiften Bademantel, als der Vorhang aufging und ich auch meine Eltern unter den Zuschauern entdecken konnte. Sie waren sich nicht ganz sicher, ob sie kommen sollten, weil sie sich dann *inkonsequent* verhalten würden. Was immer das bedeutete, ich habe mich total gefreut sie zu sehen!

Eine Woche nach dem Theaterstück gab es den Adventskaffee für die alten Leute aus dem Dorf. Das Pfarrheim mit all den Tischen und Stühlen sah aus wie ein Restaurant aus dem alle Gäste geflüchtet waren, aber auch das Personal. Auf den verkleckerten weißen Tischdecken stand noch das schmutzige Geschirr. Das sollten wir abräumen und in die Pfarrhausküche bringen. In den Milchkännchen befanden sich Reste von Büchsenmilch. Ich liebte Büchsenmilch. Schon alleine deswegen, weil es bei uns zu Hause keine Büchsenmilch gab. Büchsenmilch war wie süße Sahne. Nicht die Sahne aus unserem Kühlschrank. Die schmeckte immer nach Salami und wurde von meinem Vater von der fetten Milch abschöpfte, die wir beim Bauern kauften, und in einem kleinen Krug gesammelt. Die Salami-Sahne kam meistens auf den Schokoladenpudding oder auf die Erdbeeren.

Bevor ich die Milchkännchen auf mein Tablett stellte, habe ich sie ausgetrunken. Es waren viele Milchkännchen und manche waren noch fast voll. An diesem Abend hätte ich ruhig zu spät kommen können. Ich war durchaus in der Lage, selbst auf Wasser und trocken Brot zu verzichten. Ich wollte überhaupt nie mehr in meinem Leben etwas essen.

Das renkte sich wieder ein, aber wenn der Bär im Fernsehen die Milchkanne durch die Wiesen schleppte und die von der Bärenmarke behaupteten, dass nichts über Alpenmilch im Kaffee ginge, dann wurde mir wieder schlecht.

Die Bärenmarkenwerbung habe ich nicht zu Hause gesehen.

Wir hatten keinen Fernseher und meine Eltern waren auch dagegen. Meine Eltern waren gegen vieles. Gegen Kaugummi, gegen Trinken beim Essen, dagegen, dass außerhalb der Mahlzeiten gegessen wurde und wenn gegessen wurde, dann nur am Tisch. Sie waren gegen Mickymaus-Heftchen und gegen abgetragene Schuhe und gegen Holzklepper. Holzklepper befanden sich einmal in einem Paket von dem Kollegen Gustel Bayerhammer zusammen mit Mickymaus-Heftchen, einem abgelegten Leder- Schulranzen von seinem Sohn Max und jede Menge Karl May Bücher. Die Bücher und der Ranzen kamen zum Einsatz, dem Rest flehten wir Kinder alle hinterher, woraufhin er nicht gleich im Müll landete, sondern auf den Speicher kam.

Auf dem Speicher wurde unsere Wäsche aufgehängt. Das war nicht wenig Wäsche, und wir bekamen auch nicht selten den Auftrag, die trockene Wäsche ab- und die frisch gewaschen aufzuhängen. Keiner von uns hat die Luke ohne Maulen aufgezogen, aber seitdem dort oben diese Schätze lagerten, konnten wir nicht schnell genug unters Dach kommen. Meistens war ich mit Johanna eingeteilt. Dann liefen wir mit den Holzkleppern abwechselnd auf und ab und wer nicht lief, der blätterte in den Heftchen.

»Seid ihr denn endlich fertig!«, rief meine Mutter häufig durch die Luke nach oben. Dann mussten wir uns beeilen, weil wir meistens noch gar nicht angefangen hatten.

Wir Kinder haben uns immer gefreut, wenn der Postbote ein Paket brachte. Das wurde dann bis nach dem Mittagessen aufgehoben und vor aller Augen auf dem Küchentisch ausgepackt. Leider hatte es nie die Größe eines Fernsehapparats. Wenn einer drin gewesen wäre, hätte ich die Klepper und die Heftchen freiwillig in den Müll geworfen.

Aber wir bekamen Nachbarn, die mit einem Fernseher und zwei Kindern neben uns einzogen. Gabi und Thomas wurden unsere Freunde und ich hatte schnell die Sendezeiten für die Kinderstunde im Kopf. Es war nicht einfach, bis aufs Sofa der Müllers vorzudringen. Ich musste Gabi überzeugen, bei ihrer Mutter die Erlaubnis zu erbetteln, dass ich mitgucken durfte, was nicht unwichtig war, weil wir Lassie, Rintintin, Fury und Flipper immer nachspielten, wenn wir draußen unterwegs waren. Eine gewisse Scham war schon dabei, wenn ich mich an der mürrischen Frau Müller vorbei in deren Wohnzimmer drängte. Aber sobald ich saß und das schwarzweiße Grieseln langsam zum Bild wurde, verlor ich jegliche Hemmung. Wenn dann aber der Luis Trenker mit seinem Filzhut vor einem gemalten Fenster saß und seine Berggeschichten erzählte, wäre ich am liebsten zu Frau Müller gelaufen und hätte mir ein Guthaben für eine andere Kinderstunde geben lassen.

Später kam Bonanza dazu. Bonanza schaute ich bei Petra. Das war immer sonntags. Petra durfte nachmittags nie zum Spielen raus, obwohl sie gar keinen Bauernhof hatten. Wir haben unsere Stundenpläne umgeschrieben, damit wir wenigstens ein bisschen Zeit neben den Schulpausen zusammen verbringen konnten. Später gab ihre Mutter im TuS Feilbingert Turnunterricht. Der Unterricht fing mit den Kleinen an. Wir waren eine Stunde später dran. Diese Zeit haben wir heimlich für uns genutzt.

Petras Mutter hatte immer knallrote Lippen und Fingernägel. An ihren Ohren wackelten große, goldene Ohrringe, wenn sie verärgert ihren Kopf schüttelte. Den schüttelte sie ziemlich oft, und deswegen hatte ich jedes Mal Angst an den Sonntagnachmittagen dort auf die Klingel zu drücken. Aber für Bonanza habe ich alles getan.

Ist die Petra da, habe ich meistens gefragt, wenn ihr großer Bruder Peter (es war meistens ihr Bruder Peter) die Tür aufmachte. Der brüllte dann PETRA durchs eiskalte Treppenhaus. Die kam runter und ich fragte, ob sie raus käme. Eine völlig überflüssige Frage. Ich darf nicht, sagte sie und gleich käme Bonanza. Darf ich mitgucken, fragte ich und sie sagte, ich weiß nicht. Frag doch deine Mutter, drängelte ich, und meistens wurde von oben TÜR ZU geschrien, man heize ja nicht den Vorgarten. Dann stellte ich meinen Fuß zwischen die Tür und fing an zu flehen. Damit war ich meistens erfolgreich und folgte Petra in das völlig überheizte Wohnzimmer, in dem ein Ölofen gluckerte und der Fernseher lief. Der Vater und die Mutter rauchten und hörten damit auf, wenn der Kaffee gekocht wurde. Um diese Zeit klingelte es regelmäßig und das *Godsche* wurde reingelassen. Das war eine alte grauhaarige kleine Frau, die immer mit dem Kopf wackelte und ein paar Straßen weiter im Dorf wohnte. Sie war Petras Patentante. Ich hätte auch furchtbar gerne Verwandte in unserer Nähe gehabt, die einfach mal so zu Besuch kämen und die ich auch hätte besuchen können, zum Beispiel, um mir zwischendurch ein Zuckerbrot abzuholen. Wenn unsere Oma aus Hannover zu Besuch kam, dann schlief sie auf dem Sofa im Wohnzimmer und wir mussten leise sein, wenn sie sich nach dem Mittagessen hinlegte und morgens vor dem Badezimmer Schlange stehen, bis sie fertig war. Das *Godsche* sagte nur, *wie isses* und der Vater sagte, *Godsche setz disch.* Dann ging die Musik zu Bonanza los, und Ben Cartwright ritt mit seinen Söhnen Adam, Hoss und Little Joe auf die Ponderosa-Ranch zu, während Kaffee und Kuchen aus der Küche gebracht wurden. Mehr ging gar nicht, um mich in diesem Moment glücklich zu machen, denn soviel Gastfreundschaft war noch vorhanden, um auch mir die Frage, ob ich *ach e Sticksche* haben wollte, zu stellen.

Nach dem Kaffee gab es für die Erwachsenen Cognac und weitere Zigaretten. Das *Godsche* wurde auch immer gefragt, ob sie einen Cognac wollte, und jedes Mal sagte sie *heit net*, und ich fand es lustig, dass sie mit dem ewig nickenden Kopf NEIN sagte.

All diese Fernsehfilme waren Vorlage für uns, durch die Gegend zu reiten, Hunde zu rufen die treu an unserer Seite blieben, und Flipper frische Fische zuzuwerfen, wenn wir nicht gerade mit Ottmar Cowboy und Indianer auf dem Schulgelände spielten. Ottmar hatte knallrote Haare und war überall voller Sommersprossen, aber wir Mädchen wollten alle seine Nscho-tschi sein.

Ich konnte gar nicht verstehen, warum meine Eltern all diese wunderschönen Filme nicht gucken wollten. Fernsehen verblödet, sagte mein Vater. Aber manchmal gab es in der Kinderstunde auch Tierfilme und da lernte ich so einiges, was meine Eltern noch gar nicht wussten. Einmal wurden Eisbären am Nordpol gezeigt. Einem Bär fror seine Zunge an der metallenen Fahnenstange einer Forschungsstation fest, nachdem er an ihr geschleckt hatte. Das musste ich beim Abendbrot erzählen, auch wenn ich mich damit verraten hatte, bei irgendwelchen Nachbarn verbotenerweise Fernsehen geguckt zu haben. Alle haben sie gelacht. Das hat mich geärgert und an einem richtig kalten Wintertag habe ich meine Zunge auf das Geländer am Hauseingang gedrückt. Die klebte sofort fest. Ich hatte den Beweis geliefert, aber es kam niemand vorbei und klingeln konnte ich auch nicht, weil ich nicht an den Klingelknopf kam. Es dauerte eine ganze Weile, bis meine Körperwärme mich wieder abgetaut hatte.

Meine Oma aus Hannover hatte einen Fernseher. Den brachte sie leider nicht mit, wenn sie uns besuchte. Sie brachte für jeden eine Tafel Sprengelschokolade mit. Die Fabrik stand in Hannover und dort konnte man die Schokolade billiger einkaufen. Ich hätte auch gerne in der Nähe einer Schokoladenfabrik gewohnt, freute mich aber erst einmal darüber, dass Verwandtschaft bei uns war. Meine Oma war eine schicke Frau. So schicke Omas gab es im Dorf nicht, darauf war ich ein bisschen stolz. Meine Oma hatte auch keine grauen Haare und die Haare die sie hatte, lagen in schönen Wellen auf dem Kopf und das Ganze unter einem Haarnetz. Der Wind sollte wohl die Frisur nicht durcheinander bringen, denn von den Enkeln ging diesbezüglich keine Gefahr aus. Sie war keine Vorleseoma, die die Kleinen auf den Schoß nahm, damit sie an ihren Ohrringen spielen konnten oder an der Brosche reißen, die quer unterhalb des Spitzenkragens ihrer weißen Bluse steckte. Meine Oma hatte viele weiße Blusen mit Spitzenkragen und meine Oma rauchte. Sie steckte ihre Zigaretten immer in eine Zigarettenspitze. Das sah total schick aus. Deswegen blieb ich auch nach dem Mittagessen sitzen, um ihr beim Rauchen zuzuschauen. Sie rauchte Senoussi Zigaretten. Das war eine dunkelgelbe Schachtel mit Beduinen drauf. Was Beduinen seien, und dass sie in Ägypten in der Wüste lebten, erklärte mir meine Oma, während sie den Rauch in unsere Küche blies. Dem schaute ich hinterher und sagte ihr, dass ich nach Ägypten fahren würde, wenn ich groß wäre. Dann drückte sie die Zigarette im Aschenbecher aus und ging ins Wohnzimmer, wo sie sich aufs Sofa legte, um ihren Mittagsschlaf zu machen. Ich roch noch ein bisschen an der ausgedrückten Zigarette.

Einmal war ganz viel Verwandtschaft bei uns. Meine Oma kam mit ihrer Schwester Epi zu Besuch. Tante Epi kam aus der DDR, und weil sie schon so alt war, durfte sie auch reisen. Da wir nur ein Sofa hatten, wohnten die beiden in einer Pension in Bad Münster, wo sie im Kurpark die gesunde Luft der Salinen einatmen wollten. Manchmal nahmen sie den Bus und machten einen Tagesbesuch bei uns. Tante Epi hatte in ihrem hohen Alter noch alle Zähne. Das zeigte sie gerne und schob ihre Lippen beiseite. Da mussten wir dann hingucken und ich wusste, dass ich niemals solche Zähne haben wollte. Tante Epi strickte in diesen Tagen für unsere beiden kleinen Kaninchen, die kein Fell mehr hatten, Anzüge aus Wollresten.

In der DDR lernt man wohl, sich mit den einfachsten Mitteln zu helfen, sagte mein Vater. Ich stellte mir dann vor, dass in der DDR alle Kaninchen kein Fell hatten, weil es dort so wenig gab. Das behauptete Tante Epi. Sie nahm immer Kaffee und Seidenstrümpfe mit. Unsere Kaninchen hatten kein Fell, weil sich die Kaninchenmutter nicht um sie kümmern wollte.

In den Tagen, als Oma und ihre Schwester die gute Luft in Bad Münster atmeten, brachte Herr Jonas von der Post ein Telegramm vorbei.

Kommen am Nachmittag, sind auf der Durchreise. Margot.

Tante Margot war die älteste Schwester meiner Mutter und ihr Mann hieß Boldi. *Durchreise*, das klang so großzügig. Ich wusste nicht, wohin man fährt, wenn man auf der Durchreise ist, aber ich freute mich, dass wir soviel Besuch hatten. Und weil wir nicht alle an den Küchentisch passten, fuhren wir nach Bad Münster in ein Cafe, wo Oma und Tante Epi auf uns warteten. Ich durfte in Boldis Mercedes auf der Rückbank sitzen. Hinter uns fuhr der Bus nach Bad Kreuznach. Ich habe gegen die Scheibe getrommelt. Die Leute im Bus haben mich leider nicht gesehen.

Onkel Boldi musste zweimal fahren, weil wir als komplette Familie nicht reinpassten. Für uns Kinder gab es für jeden ein Eis und zum Teilen drei Flaschen Sinalco mit fünf Strohhalmen. Es wurde genau festgelegt, wie weit jeder trinken durfte. Ich hatte über meine Markierung hinweg gesaugt. Das gab Ärger. Also habe ich ein bisschen wieder zurücklaufen lassen. Das gab noch mehr Ärger.

Ich habe mir häufig gewünscht, eine Flasche Sinalco alleine auszutrinken. Dafür wollte ich sogar den Sonntagsgroschen sparen, also sechs Wochen lang das Taschengeld nicht sofort ausgeben. Da ich es aber nicht einmal schaffte, bis auf den Montag zu warten, um mir im Koma-Laden zehn Himbeer-, Zitronen- oder Orangenbonbons zu kaufen, sondern nach der Auszahlung nach dem Mittagessen gleich zum Kaugummiautomaten rannte, scheiterte mein Vorhaben schon an der ersten Rücklage.

Der Kaugummiautomat hing an einer Hauswand neben dem Koma-Laden. Er war rot und hinter einer zerkratzten Plexiglasscheibe konnte man die bunten Kugeln sehen, aber auch Fingerringe, Anhänger, Würfel und anderen Plastikkram. Meistens gab es eine Kugel Kaugummi. Ärgerlich war, wenn nur ein Plastikspielzeug raus kam. Manchmal kam alles beide raus. Dann hätte man geschickt gedreht, wurde behauptet.

Ich wusste, dass es geschickter wäre, am Montag zu Koma zu gehen und sich aus dem Süßigkeitenregal etwas auszusuchen. Aber ich konnte nicht warten.

Niemand sagte *Koma*, alle sagten *Kaufmanns*.

Isch geh jetz ins Kaufmanns inkaafe.

Kaufmanns, das waren Irma und Erna Christmann, zwei Schwestern. Unverheiratete Schwestern. Erna hatte braune, halblange gelockte Haare und Irma graue Haare, die zu einem Knoten gedreht waren. Beide hatten vorstehende Zähne und waren ziemlich dünn. Sie trugen immer bunte Schürzen und dicke Strümpfe. Vielleicht waren sie deshalb nicht verheiratet. Die Leute vom Dorf liebten sie aber. Sie gingen gerne zu Irma und Erna, um *zu schwätze*, während sie einkauften. Erna war meistens alleine im Laden, weil sich Irma um den Haushalt kümmerte. Der lag gleich hinter der Tür zwischen dem Süßigkeitenregal und den Konserven. Nur wenn ganz viel los war, kam sie dazu, um zu helfen. Manchmal war keiner von ihnen im Laden und beide im Haushalt. Wenn sie das Bimmeln der Glocke an der Eingangstür nicht hörten, musste man die Tür mehrmals hintereinander auf- und zumachen. Damit habe ich manchmal gewartet und mir ein Bonbon aus einem Glas geklaut.

Bei Kaufmanns konnte man alles kaufen. Auch Schreibwaren, Wolle und Reißverschlüsse. Zweimal im Jahr, im Frühling und im Herbst, wurde es im hinteren Teil des Ladens eng. Dann hatte Adler-Moden zwei Ständer mit der neuen Mode vorbeigebracht. Hauptsächlich Kittelschürzen. Die gingen immer. Aber auch Pullover, Röcke und Kleider in gedeckten Farben. Damit machten sich die Leute für die *Kerb* schick. Irma und Erna sah man nie auf der Kirmes. Die sah man nur im Laden und manchmal im Schrebergarten. Die hatten kein Draußenleben und das hat auch niemand im Dorf erwartet. Die Beiden gehörten in den Laden, wie die Konserven, die Süßigkeiten, das Obst und Gemüse und die dicke Salami, die sie mit der handbetriebenen Schneidemaschine in Scheiben zerlegten.

Ich freute mich jedes Jahr auf die Kirmes. Wenn man mich an diesen Tagen suchte, war ich immer dort zu finden. Schon wenn der erste Wagen seinen Platz einnahm, war ich dabei und träumte von einem Leben als Karussellbetreiber.

In dem Jahr, als mein Bruder Matthias auf die Welt kam, wurde die Kirmes verlegt. Sie wurde nicht mehr auf dem Marktplatz aufgebaut, sondern ganz in unserer Nähe, zwischen Schule und Friedhof. Vorher befanden sich dort Gärten und eine gusseiserne Wasserpumpe, an der die Frauen ihre Gieskannen füllten und das Gemüse gossen. Nicht nur einmal habe ich dort verbotenerweise Karotten aus der Erde gezogen und auf meinem Platz im Birnbaum geknabbert.

In Bingert gab es von diesem Zeitpunkt an keine Kirmes mehr. Die Katholiken mussten nach Feil kommen, wenn sie Karussell fahren, oder Plastiknelken schießen wollten. Zum Tanzen aber blieben sie in Bingert. Katholiken sollten sich nicht in Protestanten verlieben und umgekehrt. Da wurde auch schon mal mit Enterbung gedroht.

Der neue Kirmesplatz war groß. Groß genug für eine Schaukel, eine Wippe, eine Rutsche und einen Sandkasten, was sich die Gemeinde leistete. Das blieb natürlich alles stehen, wenn die Jahrmarktsleute weiterzogen. Ich wäre gerne mitgezogen und empfand jedes Mal Trauer, wenn ich die weggeworfenen Nieten an der Stelle aufsammelte, wo vor ein paar Tagen noch die Losbude stand.

Ich war zwölf Jahre alt, als sich eine Chance abzeichnete, ins fahrende Volk einzuheiraten. Meine Mutter war zwischenzeitlich wieder schwanger geworden und die kleine Sabine, machte schon ihre ersten Schritte.

Er wolle mich heiraten, sagte der Mann vom Karussell, der mich die Karten von den Kindern einsammeln ließ, die sie mir mit einer Hand entgegenstreckten, während die andere am Zügel eines Pferdes klammerte oder am Lenkrad drehte oder an der Schnur der Glocke vom Feuerwehrauto zog. Ich sprang auf, wenn sich das Karussell zu drehen begann und ich drückte mich an all den Autos, Kutschen und Pferden vorbei, ohne das Gleichgewicht zu verlieren. *Arrivederci Hans …* und *Mama, du sollst doch nicht um deinen Jungen weinen …* dröhnten aus dem Lautsprecher, und ich hielt mich an einer Stange fest, ließ ein Bein und einen Arm im Freien fliegen, um irgendwann abzuspringen und *meinem Mann* am Kassenhäuschen die eingesammelten Karten durch das kleine Fenster zu reichen. Meine Zukunftspläne in Sachen SOS Kinderdorfmutter gingen im Taumel des Glücks unter, ich konnte Karussell fahren, soviel ich wollte.

Wenn der kleine Lastwagen im Schritt-tempo durchs Dorf fuhr und der Mann mit der Augenklappe seinen dicht behaarten Arm aus dem Fahrerfenster hängte, um die Glocke hin und her zu schwenken, rannten wir Kinder wie dem Rattenfänger aus Hameln hinterher.

Lumbe, alt Eise, Babier brüllte er und das wollte er auch haben. Nicht umsonst, am Rande der Schulhofwiese breitete er eine Plane aus und verteilte darauf Plastikspielzeug. Es war das gleiche Plastikspielzeug, das auch auf der Kirmes verkauft wurde. Meine Eltern nannten es *Schund* und da bei uns keine Lumpen oder altes Eisen zum Wegtragen rumlag, mussten sie auch nicht befürchten, dass wir Schund nach Hause brachten. Nicht einmal Papier wollten meine Eltern entbehren. Die Tageszeitung wurde gesammelt, damit wurden im Winter die nassen Schuhe ausgestopft und die Öfen angeheizt, sie diente als Unterlage bei Arbeiten, die Schmutz machten und hielt in mehreren Schichten den Reis im Topf warm, der im Stauraum der Eckbank in der Küche sonntags auf das Mittagessen warten musste.

Wir hatten also nie eine Chance mit dem Lumpensammler ein Tauschgeschäft einzugehen. Aber wir konnten stundenlang dabeistehen und alle Kinder bewundern, die von zu Hause das Richtige anschleppten, was nach einem Kopfnicken auf die Ladefläche geworfen wurde. Das Gewicht bestimmte, aus welchem Haufen sie sich etwas aussuchen durften. Wer eine Autobatterie brachte, hatte die freie Auswahl. Es war ein bisschen wie auf der Kirmes. Als Volker einmal sagte, *isch glaab bei meim Opa leit en in de Scheier erum,* warteten wir ungeduldig und fingen an rumzuhüpfen, als wir ihn in der Ferne schleppen sahen.

Der hott die Badderie, wir waren alle ganz aufgeregt und suchten schon für ihn aus, was wir gerne haben wollten.

Wenn wir Geburtstag hatten, dann hatten wir die freie Auswahl. Wir durften uns was wünschen. Ich freute mich immer auf Geburtstage. Ganz besonders natürlich auf meinen eigenen. Dann war man das Geburtstagskind, eine Ausnahmesituation, die sich nicht am nächsten Tag gleich auflöste. Das geschah in der Regel schleichend über mehrere Tage. Nur bei mir wurde diese Aufmerksamkeit abrupt mit dem zwei Tage später folgenden Geburtstag meiner Schwester Eva abgebrochen. Das ärgerte mich.

Alle unsere Geburtstage wurden gefeiert und wir durften Freunde einladen. Das kannte man in Feilbingert nicht. Die Freunde sind aber gerne gekommen. Topfschlagen, Blindekuh, Schokoladeauspacken, Reise nach Jerusalem … und manchmal spielte meine Mutter Kaspertheater. Dann starrten alle auf den mit grünem Stoff bespannten Paravent und konnten nicht glauben, dass all die unterschiedlichen Stimmen aus meiner Mutter herauskamen. Alle wollten im nächsten Jahr wieder eingeladen werden, allerdings bestand ich darauf, von ihnen auch eingeladen zu werden. Da lernte ich dann aus Sammeltassen zu trinken und Buttercremetorte zu essen. Das geschah meist in dusteren Küchen mit der gesamten Verwandtschaft, die als Geschenk weitere Sammeltassen hinterließ. Die Sammeltassen kaufte man bei Erna und Irma. Dort gab es auch die Schneiderbücher. Sortiert nach Preis in zwei Kartons. Eine Mark und fünfundneunzig Pfennige und zwei Mark und fünfundneunzig Pfennige. Wenn wir eingeladen wurden, durften wir als Geschenk nur ein Buch für eine Mark und fünfundneunzig Pfennige aussuchen, und wenn das Geld gerade knapp war, gab es lediglich eine Tafel Schokolade. Mir wäre eine Tafel Schokolade immer lieber gewesen, wenn meine Gäste zu meinem Geburtstag kamen. Ich sah schon von außen, dass es wieder Schneiderbücher von Kaufmanns waren.

Renate das Schlüsselkind, Stups und lange Latte, Bummi hat es geschafft, Drei halten zusammen.

Die standen ungelesen in meinem kleinen Regal am Kopfende des Etagenbetts. Ich schlief oben. Dort blieb ich einmal tagelang liegen, weil ich lauter kleine Geschwüre an den Beinen hatte und die Kniegelenke nicht mehr bewegen konnte. Das käme vom vielen Schmalz, sagte unser Hausarzt und verschrieb eine lila Tinktur. Ich habe gerne Schmalzbrote gegessen, und wenn mein Vater den grünen Speck in Würfel geschnitten und ausgelassen hatte, rief er mich zum Griebenessen, solange sie noch warm waren.

Ich hatte jede Menge lila Punkte auf den Beinen und Langeweile. Meine Mutter sagte, ich solle ein Buch lesen. Ich hatte noch nie ein Buch gelesen, nur den Gute-Nacht-Geschichten gelauscht.

Und dann habe ich mit Renate dem Schlüsselkind gelitten. Noch mehr litt ich, weil es einen zweiten Band gab, den ich nicht hatte. Also las ich *Stups und lange Latte* und *Bummi hat es geschafft* und *Drei hal-*

ten zusammen. Ich lag immer noch im Bett, hatte aber keine Bücher mehr. Gregor wollte mir seine Karl May Bücher geben, aber die wollte ich nicht. Das waren so viele Seiten mit kleiner Schrift und keine Bilder. Meine Mutter brachte mir dann *Heidi* von Johanna Spyri. Das war auch dick und hatte keine Bilder. Die kamen dann in meinen Kopf.

Heidi war in Frankfurt bei Klara und dem bösen Fräulein Rottenmeier, als ich wieder zur Schule gehen musste. Ich habe geweint, weil der Großvater so alleine auf der Alm war, weil das Heidi Heimweh hatte und weil ich mein Bett verlassen musste.

Bei Ursula und Monika gab es auch schon immer Kindergeburtstage. Das war eine Ausnahme. Vielleicht, weil der Vater Schulrat war und nicht im Dorf geboren wurde. Er wohnte auch kaum im Dorf. Er kam nur an den Wochenenden ins Lehrerhaus zu seiner Familie. An den anderen Tagen waren Ursula und Monika mit ihrer Mutter alleine. Und wenn die auch weg war, beim Frisör oder einkaufen, ließen uns Ursula und Monika heimlich in die Wohnung. Dann hörten wir von Nana Mouskouri *Weiße Rosen aus Athen* und versanken auf Strümpfen in einem schönen Teppich. Wir hatten keinen Teppich und keine Schallplatte von Nana Mouskouri. Aber wir hatten ein Kennedybuch mit ganz vielen Farbfotos. Meine Eltern mochten den amerikanischen Präsidenten und deswegen kauften sie das Buch, nachdem man ihn erschossen hatte. Darin habe ich gerne geblättert und wurde regelmäßig traurig, wenn ich die kleine Caroline und den kleinen John auf der Beerdigung von ihrem Vater sah. Ich war aber auch neidisch auf die beiden, weil sie zu schicken hellblauen Mäntelchen Lackschuhe trugen.

Monika und Ursula waren auch immer schick angezogen. Ihre Mutter hatte eine Strickmaschine. An der saß sie fast immer, wenn sie nicht in der Küche stand oder beim Einkaufen oder beim Frisör war.

Meine Mutter bekam viel später auch eine Strickmaschine. Das sollte eine Investition sein, die sich ganz schnell wieder bezahlt machen sollte. Ich glaube, es ist nicht ein einziger Pullover von den Nadeln gegangen. Meine Mutter schrie nur und die Maschine verschwand verpackt unter irgendeinem Bett, wo sie nicht im Weg lag.

Ursula war so alt wie ich und hatte braune lange Haare und Monika war so alt wie Johanna und hatte lange blonde Haare. Wir waren unzertrennliche Freundinnen. Häufig spielten wir bei der Oma von Monika und Ursula, wo auch der unverheiratete Bruder ihrer Mutter wohnte. Das war der Baustoffhandel in Feil am Ortsausgang. Dort wurde auch Torf für den Garten und Kohle für den Winter verkauft. Die Lagerschuppen verteilten sich über ein großes Grundstück. Das war unser Paradies. Wir richteten uns in den Schuppen häuslich ein und bauten aus Brettern und Steinen zusätzliche Wochenendhäuser, weil wir wohlhabend waren mit Garage und imaginärem Auto. Der Onkel schimpfte gelegentlich, wenn er uns erwischte. *Das stelle ner alles wirrer so hien, wie´s gestann hott!*

Aber dann war er wieder weg, weil er so viel zu tun hatte und wir wagten uns noch mehr und schlichen auf den Dachboden, wo in Koffern die abgelegte Kleidung mehrerer Generationen lagerte. Wir schleppten Hüte, Handschuhe, Taschen, Kleider, Blusen und Röcke an der Oma vorbei, die sich am Küchentisch um die Buchführung kümmerte.

Modisch gesehen schienen wir aus der Zeit gefallen, haben aber auch häufig die wirkliche Zeit spielend vergessen, kamen zu spät und mussten büßen.

152

Der Ärger über den Freiheitsentzug verflog meist im Laufe des Nachmittags, weil wir uns auf den nächsten Tag freuten. Wir freuten uns auf alle Tage, die in den langen Sommerferien lagen, aber bevor die zu Ende gehen konnten, gab es schon einen letzten Tag. Ursula und Monika sollten wegziehen, dahin, wo der Vater Schulrat war. Das machte uns sehr traurig. Wir brachten unseren Wohnsitz im Baustofflager auf Hochglanz, legten uns die schönsten Kleider bereit und wollten am Nachmittag mit einem Festessen Abschied feiern. Die Trauer wurde vom Eifer verdrängt, aber auch das Gefühl für Zeit. An diesem Tag kamen Johanna und ich erst nach Hause, als mein Vater schon das Geschirr vom Mittagessen abtrocknete. Eine Uhr für den Ofen hatte ich nicht mehr und außerdem war Sommer und es wurde nicht geheizt. Wir heulten, weil uns doch dieser letzte Nachmittag so wichtig war, wichtiger als alles andere. Manchmal wissen Erwachsene nicht, was wirklich wichtig ist.

Wichtig war meinen Eltern immer, dass wir lernten, Verantwortung zu übernehmen und zum familiären Gemeinwohl beitrugen. Wir bekamen Ämter.

Am Abend die Milch beim Bauern holen, das Vierpfundbrot von gestern einkaufen, Grünfutter für die Hühner sammeln (im hinteren Teil des Gartens stand das Hühnerhäuschen mit einem eingezäunten Auslauf), Hühnerstall ausmisten, Hundezwinger säubern (der befand sich dort, wo wir anfangs unsere Kinderbeete hatten, damit wir erdverbunden aufwuchsen). Unser Hund hieß Axa und war ein Airedale Terrier. Meine Mutter wollte, dass Axa Junge bekommt, die wollte sie dann verkaufen. Aber das war wie mit der Strickmaschine, das hat nicht geklappt. Axa wollte sich nicht decken lassen. Deswegen kam sie zwar nicht in einen Karton und verschwand unter irgendeinem Bett, ganz im Gegenteil, meine Mutter war nicht mehr wählerisch und verzichtete auf reinrassig und Stammbaum. Sie ließ sogar zu, dass sich ein Hund von der Straße auf unsere Axa setzte. Ein Bauer wollte den mit der Mistgabel verjagen, aber meine Mutter verjagte den Bauer.

Mit dem Hund spazieren gehen. Das war auch ein Amt. Ich freute mich auf unseren Hund. Er sollte mit uns am Kahlenberg Lassie und Rintintin spielten. Aber er haute dauernd ab, und wir waren den ganzen Nachmittag damit beschäftigt, ihn wiederzufinden.

Der tägliche Einkauf bei Kaufmanns mit dem Einkaufszettel, der am Deckel des Terminkalenders klemmte. Die Rama, der Zucker, das Mehl und das Reichenhaller Salz … ein weiteres Amt. Wenn ich nicht gerade Grünfutter von den umliegenden Wiesen zupfte und mir dabei Sauerampfer in den Mund stopfte, wenn ich welchen fand, ging das Einkaufen an mich. Wenn ich dann auch noch zum Metzger musste, habe ich mich geärgert, wegen der zusätzlichen Strecke. Aber ich musste selten zum Metzger, weil es bei uns auch selten Fleisch gab.

Danach musste ich mit meinem Vater abrechnen. Der saß dann am Schreibtisch und schrieb die Ausgaben in den Terminkalender, während ich das Restgeld vorzählte. Wenn etwas fehlte, schimpfte mein Vater. Wenn viel fehlte, kannte er keine Gnade. Dann fiel der Sonntagsgroschen weg. Einmal kassierte er mein Zeugnisgeld wieder ein. Das waren fünf Mark, die ich an dem Tag für meine Noten bekommen hatte. Ich sollte Brot beim Klos kaufen. Klos war am Marktplatz in Feil. Klos gehörte eine Tankstelle und der Gemischtwarenladen. Sie verkauften auch Brot vom Bäcker aus Bingert. Wir kauften kein Brot mehr beim Bäcker in Feil, seitdem wir einen Zigarettenstummel drin gefunden hatten. Ich war froh, dass ich nicht ins katholische Bingert gehen musste, aber noch mehr freute ich mich an diesem Tag über mein Zeugnisgeld. Weil mein Vater alle Schulkinder ausgezahlt hatte, gab es kein Kleingeld mehr in der Kasse und er gab mir einen Schein. Den habe ich ganz feste in meine

Hand geknautscht, damit ich ihn nicht verliere. Bei der Abrechnung fehlten genau fünf Mark. Soviel wie mein Zeugnisgeld. Das war dann weg. Ich solle es mir bei Frau Klos wieder holen, sagte mein Vater, ihr sagen, dass sie falsch rausgegeben hätte. Wegen solcher Sätze, die manchmal gesagt werden müssen, wollte ich nie erwachsen werden. Aber fünf Mark waren viel Geld und deswegen stand ich wieder im Laden und musste nach dem Bimmeln der Türglocke ewig warten, bis die alte Frau Klos hinter der Theke stand. Frau Klos habe ich nie lächeln sehen und nach meiner Behauptung schon mal gar nicht. Sie ging wieder in ihre Wohnung und ich nach draußen. Draußen habe ich geheult und dann bin ich wieder nach drinnen gegangen und habe, ohne zu überlegen. ins nächste Regal gegriffen, bevor sie in ihrer weißen Schürze auftauchte. Das BAC Deospray habe ich an der Bushaltestelle in den Papierkorb geworfen. Richtig besser ging es mir danach nicht.

Für die Ämter bekamen wir kein Geld. Aber es gab Möglichkeiten, sich mit anderen Tätigkeiten Geld zu verdienen.

Gehsche aach herbschte? fragte mich eine Freundin. Es waren Herbstferien und die lagen immer so, dass auch die Kinder bei der Weinlese helfen konnten. Frau Reinhard aus dem Milchgeschäft fragte mich, ob wir Großen nicht Lust hätten mitzuhelfen. Bei Reinhard kauften wir anfangs unsere Milch und den Quark. *Schichtkääs* sagte man im Dorf. Der lag in quadratischen Blöcken in einer weißen Plastikwanne und tropfte aus dem Papier. Auch die dicken Lagen der ausgelesenen Zeitung, in die der Schichtkäse eingepackt wurde, tropften, wenn wir zu Hause ankamen. Reinhards verkauften nicht nur Milchprodukte, sondern auch Wein. Den machten sie selbst und die Trauben mussten im Herbst geerntet werden. Gregor und ich durften miternten, unsere Eltern hatten es erlaubt, aber verboten, Geld dafür zu nehmen. Das fanden wir doof, denn alle anderen wurden bezahlt. Darüber haben wir uns aber nur kurz geärgert, weil es Spaß machte, im *Wingert* sich mit einem Eimer und einer Rebenschere die Reihen nach oben zu arbeiten.

Eich behalle mer, sagte der Mann, der das Logel auf dem Rücken trug, in das wir die Trauben schütten mussten. Oben am Feldweg stand der Traktor mit dem Anhänger. Auf dem Anhänger stand eine große Wanne und auf der Wanne thronte eine Mühle. In den Trichter der Mühle wurden die Trauben gekippt und ein anderer Mann auf dem Wagen drehte das Rad an der Mühle und die zerquetschten Trauben fielen in die Wanne. Alles klebte. Auch meine Hände klebten, aber das störte mich nicht, als zum *Middagesse* gerufen wurde. Brötchen, Frikadellen, Fleischwurst, Blutwurst, Presskopf, Käse, Kranzkuchen und Streuselkuchen. Mittagessen weg von zuhause! Für die Erwachsenen gab es Wein, für uns Kinder Limonade. *Ihr zwee kenne jo rischdisch gut schaffe*, sagte Herr Reinhard mit zerkauter Fleischwurst im Mund. Das hat uns stolz gemacht und Gregor meinte, dass er im nächsten Jahr vielleicht schon das *Lehle* tragen könnte. Vom vielen Kranzkuchen war mir nachher ein bisschen schlecht.

Weil wir kein Geld nehmen durften, schenkte uns Frau Reinhard Eier, Quark, Butter und Milch. Dafür bekamen wir von unseren Eltern zwei Mark.

Im nächsten Jahr sind wir mit dem Bauer Bühler zur Weinlese gegangen. Diesmal durften wir auch Geld nehmen. Beim Bauer Bühler kauften wir die Kartoffeln, die den ganzen Winter im Keller in der Kartoffelkiste lagen, bis die Reste schrumpelten und die Triebe sich ineinander verhakten.

Fünfzig Pfennig gab es, wenn wir in der Totenhölle Brombeeren pflückten, aus dem mein Vater Marmelade kochte. Meistens war es heiß, und wir trugen kurze Hosen, wenn wir mit den alten Milchkannen loszogen. In dem Gelände gab es keine Wege, wir mussten uns durch die dichten Büsche schlagen und zerkratzten uns die Beine. Die brannten, wenn wir in der Wanne lagen. Wir badeten immer samstags. Dann wurde der Badeofen angeheizt und am Fenster lief das Kondenswasser runter und tropfte auf die Fensterbank. Zuerst kamen die Kleinen ins Wasser, dann wurde heißes Wasser nachgefüllt und Johanna und ich stiegen in die Wanne. Ich weiß nicht, ob Gregor dann noch mal frisches Wasser bekommen hat, ich weiß nur, dass es fast jedes Mal nach dem Baden Ärger gab, weil wir das Badezimmer überschwemmt hatten.

Wenn wir mit dem Leiterwagen Kohle holten, gab es auch fünfzig Pfennig. Das war irgendwie ein Einheitslohn. Briketts und Eierkohle für den Winter. Dann war mein Vater in seinem Element, wenn er Vorräte anlegen konnte. Wir zogen den Leiterwagen bestimmt fünfmal zur Raiffeisenkasse. Das war nicht nur eine Bank, dort wurden auch viele Sachen, die die Bauern brauchten, verkauft, aber auch Torf und anderer Kram für die Gärten. Im Herbst wurden riesige, runde Metallbottiche aufgestellt, in denen die zerquetschten Trauben gesammelt wurden, die dann ein Tankwagen mit einem dicken Rüsselschlauch in sich hineinsaugte. Schweine und Rinder wurden im Anhänger auf die große Waage gezogen, bevor sie geschlachtet wurden. Da lernte ich, was Tara bedeutet, weil unsere Lehrerin im Heimatkundeunterricht mit uns dort hin ging. Irgendwie war an der Raiffeisenkasse immer was los. Nur wenn wir Kohle holten, die überdacht hinter der großen Lagerhalle lag, mussten wir den Herr Heidenreich suchen. Herr Heidenreich sah immer ein bisschen traurig aus, und wenn ich im dusteren Lager nach ihm rief, und ich hörte *isch kumme gleich*, bevor ich ihn sah, zuckte ich jedes Mal vor Schreck zusammen.

Die Kohle haben wir durchs Kellerfenster in den Kohlenkeller gekippt. Der schwarze Kohlenstaub hing immer noch in der Luft, wenn wir die Briketts stapelten. Die schwarzen Hände sind erst nach ein paar Tagen wieder sauber geworden, die Nase schon am ersten Abend. Wir schnäuzten um die Wette ins Klopapier und zeigten uns gegenseitig den schwarzen Rotz.

Im Herbst gingen wir größeren Kinder mit meinem Vater *Pockerln* sammeln. *Pockerln* sagt man auf österreichisch zu Tannenzapfen. Davon haben wir im Wald mehrere Säcke gefüllt. Mein Vater hat damit die Kohleöfen angezündet. Dafür gab es kein Geld, aber es wurden ein Ring Fleischwurst und Brötchen für die Brotzeit gekauft, denn wir waren den ganzen Tag unterwegs. Die meiste Zeit brauchten wir für den Hin- und Rückweg, weil wir mit meinem Vater nur langsam vorankamen. Es sah immer ein bisschen so aus, als wollten wir auswandern, wenn wir mit dem Leiterwagen durchs Dorf zogen und es am anderen Ende wieder verließen.

Im Wald haben wir uns schnell voneinander entfernt, weil jeder auf seine Pockerlquelle stoßen wollte. Mein Vater stocherte derweil in einem Wespennest. Seine Schreie haben mich fürchterlich erschreckt.

Ich dachte sofort an den Räuber im Wald oder an ein Wildschwein oder an eine zugeschnappte Falle. Und ich dachte an meinen Vater, und dass er sich gar nicht richtig wehren kann.

Wir Kinder rannten sofort alle dahin, wo die Schreie herkamen. Wir konnten ihm natürlich nicht sagen, dass er weglaufen soll. Er wälzte sich im trockenen Laub und ließ sich einen kleinen Abhang hinunter rollen. Er sah so hilflos aus, das machte mich traurig. Aber die Wespenstiche hatte er verdient, fand ich.

Einmal haben wir so gut wie keine Tannenzapfen gefunden. Wir wollten einen anderen Wald ausprobieren. Das war keine gute Idee. Eigentlich haben wir dort nur die Fleischwurst und die Brötchen gegessen, wenn man mal davon absieht, dass mein Vater eine kleine Tanne ausgegraben hat, die meine Mutter in den Garten pflanzte.

Wir hatten also keine Pockerl, aber eine Tanne und wenig später Löcher im neu verlegten PVC in der Küche. Die Löcher hatten wir, weil wir keine Pockerl hatten. Und weil mein Vater keine Pocherln zum Anzünden hatte, trug er morgens etwas Glut vom Küchenofen auf einem Kehrblech ins Wohnzimmer, um dort den Ofen anzufeuern. Meine Mutter hat furchtbar geschrien, als sie das entdeckte, da waren selbst wir Kinder für die nächsten Stunden ganz still.

Ich war froh, dass diese miese Stimmung nicht bis Weihnachten angehalten hatte. Ich liebe Weihnachten. Pünktlich zum ersten Dezember hingen über unseren Betten die Adventskalender. Manche waren mit Glimmer und weil wir alle gerne einen mit Glimmer haben wollten, gab es Streit, bevor jeder seinen Kalender in den Händen halten konnte. Das waren Momente, in denen ich froh war, zu den Großen zu gehören. Wir konnten den Kleinen ihre Wahl einreden und bei mir glitzerten häufig den ganzen Dezember über silberne Streusel auf dem Kopfkissen.

Vierundzwanzig Fensterchen, das war ziemlich viel Zeit, die wir durchhalten mussten, bis es endlich soweit war. Für meine Mutter hat die Zeit offensichtlich nie gereicht. Zwei Tage vor Heiligabend wurde das Wohnzimmer abgeschlossen. Mit beiden Händen über den Augen drückten wir unsere Gesichter an das bräunliche Riffelglas der Tür, um vielleicht doch etwas zu erkennen. Der große, dunkle Fleck war der Baum, der immer an der selben Stelle vor dem Wohnzimmerfenster stand, an dem sonst mein Vater auf dem Schreibtischstuhl saß und in den Garten schaute, bevor ihm die Augen zufielen, weil er nachdachte. Mit dem Nachdenken musste mein Vater in dieser

Zeit warten, bis der Baum nadelte und abgeschmückt wurde.

Aber zuerst wurde er geschmückt, meine Mutter war der dunkle Fleck, der sich immer hin- und herbewegte.

An Heiligabend zogen wir uns am Nachmittag die schönsten Kleider an, die wir hatten. Ich musste den Kleinen helfen und ich musste auch darauf aufpassen, dass sie sauber blieben, bis das Glöckchen klingelte. Auf das warteten wir alle. Das taten wir in der Küche, zusammen mit dem Engel aus dem Erzgebirge, der auf seinen ausgestreckten Armen, die ihm jedes Jahr wieder angeklebt werden mussten, zwei brennende Kerzen hielt. Aus dem Wohnzimmer wurde auf dem Teewagen unser weißer Plattenspieler von BRAUN mit dem integrierten Radio reingerollt. Gregor drehte an dem Suchknopf für die Sender, bis wir die Kinderstunde erwischten.

Warten auf Weihnachten.

Das Programm war meist schon lange zu Ende, aber meine Mutter wurschtelte jedes Jahr immer noch im Wohnzimmer rum. Um fünf Uhr legte mein Vater die Würstchen ins heiße Wasser. Dazu gab es Brötchen und Senf. Daran hat sich auch nie etwas geändert, auch nicht, dass meine Mutter nach mehrfachem Rufen ihr Würstchen in aller Eile verschlang, bevor sie wieder ins Wohnzimmer stürzte.

»Wie lange noch?«, haben wir immer gefragt und sie sagte immer »gleich.«

Gleich ließ uns alle ungeduldig werden, dem Erzengel waren meist die Kerzen schon runter gebrannt und an seinen verkohlten Fäusten konnte man erkennen, dass wir nicht nur einmal vergessen hatten, sie vorher auszublasen.

Die Kleinen quengelten und verließen auch schon mal verbotenerweise die Küche, weil sie meine Mutter hörten, wie sie die Treppe rauf und runter rannte.

»Maria…!«, schrie sie und ich schimpfte mit den Kleinen und setzte sie, nicht ganz gewaltfrei, zurück auf ihren Platz am Tisch.

Mit dem Würstchen im Magen, von dem mir regelmäßig leicht übel wurde, und der immer wieder verschobenen Hoffnung, fühlte sich meine Vorfreude irgendwann nicht mehr so riesig an. Wir litten alle in der Küche, aus der sich mein Vater nach dem Abwasch verzogen hatte, um meiner Mutter bei den letzten Vorbereitungen zuzuschauen.

Wenn meine Mutter zum letzten Mal nach oben lief, um sich das blaue Kleid mit dem abstehenden Kragen anzuziehen, die messingfarbene Brosche ansteckte, die Haare kämmte und nur ganz leicht mit dem rosa Lippenstift über ihre Lippen fuhr, dann konnten wir auf das Glöckchen hoffen.

Schließlich steckte sie ihren roten Kopf in die Küche, wo auch wir Kinder mittlerweile mit roten Köpfen saßen, weil der Kohleofen bollerte und kaum noch Sauerstoff in dem kleinen Raum war.

»Gleich«, sagte sie und dann stimmte das auch!

Unser Wohnzimmer war nie wiederzuerkennen, besonders zu den Zeiten, als unsere Familie mit neun Personen vollzählig war. Neun gefüllte Weihnachtsteller aus Pappe mit Motiven, die ich mir gerne wie ein Bilderbuch anguckte, standen überall da, wo es meiner Mutter gelungen war, Platz zu schaffen. Die Geschenke-Ecken erstreckten sich über den gesamten Raum, aber bevor wir uns auf unsere Reviere stürzen durften, wurde gesungen. Dazu spielte meine Mutter auf der Gitarre, und mein Vater achtete auf die Kerzen am Baum, weil er die Möglichkeit eines Zimmerbrands nie ausschloss. Solange die Kerzen noch brannten, stellten wir uns für das Foto vor den Baum, wobei der irgendwann hinter der Menschenansammlung verschwand. Wir hatten alle Angst, wenn meine Mutter fotografierte, weil sie die Blitzwürfel nicht fand oder sie nicht aufstecken konnte oder wenn sie steckten, sich nicht drehten. Steckten sie und drehten sich, lösten aber das Blitzgewitter nicht aus, war es meine Mutter die donnerte. Am günstigsten war es, wenn sie überhaupt vergessen hatte, Blitzwürfel zu kaufen. Dann konnten wir uns direkt vom Baum lösen und uns den Geschenken widmen, während die Wiener Sängerknaben *Stille Nacht, heilige Nacht* sangen.

Als ich rote Schuhe bekam, war das auch fast wie Weihnachten. Die roten Schuhe bekam ich, weil keine braunen da waren. Mein Vater bestand auf ausschließlich braunen Schuhen. Er fand es praktisch, nur eine Schuhcreme für alle Schuhe zu haben, und er meinte, dass die braune Schuhcreme die abgestoßenen Spitzen am besten abdecken würde. Wir mussten jeden Abend unsere Schuhe putzen. Beim Gute –Nacht –Sagen mussten wir bestätigen, dass nicht nur die Schuhe, sondern auch die Zähne geputzt und die Hände gewaschen seien.

Schuhe kosteten viel Geld, vor allem, weil mein Vater auf Qualität bestand. Was beim Salz das Reichenhaller war, war bei den Schuhen der Elefant. In Bingert gab es einen Schuster, der nicht nur kaputte Schuhe wieder ganz machte, sondern auch neue verkaufte.

In dem kleinen Feilbingert gab es überhaupt viele Geschäfte. Neben Kaufmanns und Klos, dem Bäcker und dem Metzger Roth gab es in Feil noch den kleinen Gemischtwarenladen Jonas gegenüber der Post (Herr Jonas stempelte dort die Briefe ab, die man ihm über den Tresen schob), und wenn man vom Marktplatz in die Kreuznacherstrasse einbog, lag ziemlich schnell auf der rechten Seite ein anderer kleiner Gemischtwarenladen, der Glanzmann hieß, so wie die

Familie, die im selben Haus wohnte. In Feil war dann auch noch ein Malergeschäft mit dem Namen Nagel. Herr Nagel tapezierte und lackierte bei seinen Kunden außer Haus und Frau Nagel kümmerte sich um den Laden, in dem es nicht nur Tapeten und Farbe in Eimern gab, sondern auch Schreibwaren und Sachen für den Haushalt. Bei der Familie Aff, die ihren Laden auf dem Marktplatz neben Klos hatte, konnte man sich vom Schneidermeister etwas nähen lassen, es gab aber auch ein paar Kleider von der Stange, Unterwäsche, Seidenstrümpfe und Taschentücher in Geschenkpackungen. Dann gab es noch ein Beerdigungsunternehmen mit einem kleinen Schaufenster, in das nur zwei Särge reinpassten.

In Bingert gab es einen Bäcker, ein Edeka-Geschäft und einen Metzger. Zu dem sind wir auch eine Zeit lang gegangen, vor allem an den Freitagnachmittagen, wenn wir für fünfzig Pfennig Knochen für die Suppe am Samstag kaufen sollten. Ich stand ungern in dem kleinen Laden zwischen all den anderen Kunden, die ich nicht kannte, weil sie katholisch und aus Bingert waren.

Mädche, sa deim Vadder, dass fuffzisch Penning fer die Knoche nimmi lange!

Nachdem die Metzgersfrau das zu mir gesagt hatte, wollte ich gar nicht mehr hingehen.

Die Auswahl beim Schuster in Bingert war nicht besonders groß. In einem kleinen Vorraum der Werkstatt, aus der es wunderbar nach Leim und Leder roch, stapelten sich Schuhkartons in den Regalen an den Wänden. Die Frau vom Schuster (meistens hatte sie eine Schürze an, weil sie aus der Küche kam) zog dann die Kartons mit Schuhen heraus, die den Vorstellungen des Kunden am nächsten kamen.

»Ein brauner Halbschuh, Größe siebenunddreißig, aber groß genug, dass man im Winter noch mit dicken Strümpfen reinkommt!«

Es waren nur wenig Kartons, von denen sie die Deckel beiseite legte und mit dem Papier raschelte. Kein Schuh passte.

Sie wolle halt nur braune Schuh, isch hunn awwer nur noch e roode vun Romika

Und der passte.

Ich verliebte mich sofort in diese Schuhe. Ich wollte sie haben, aber sie verschwanden wieder im Karton und wir aus der Schusterwerkstatt, weil meine Mutter ohne die Erlaubnis meines Vaters keine Kaufentscheidung treffen wollte.

Mein Vater beharrte auf Braun, ich weinte um Rot und meine Mutter versuchte die Schuhsituation ins Dramatische zu kehren. Ich hätte nichts mehr an den Füßen und eine Fahrt in die Stadt wäre dafür viel zu aufwendig.

Mein Vater schimpfte die Zustimmung und ich versprach überglücklich die Schuhe täglich mit Sorgfalt zu pflegen. Dazu gab es eine Tube mit roter Schuhcreme. Den Karton hielt ich wie einen Schatz in meinen Händen, nachdem ich sofort wieder runter gerannt war und der Frau vom Schuster das Geld gab, das sie in ihre Schürzentasche steckte.

An diesem Abend habe ich die Schuhe mit ins Bett genommen.

Mit den neuen Schuhen betrat ich den katholischen Teil unserer Dorfschule. Das tat ich nicht freiwillig, das hatte das Kultusministerium beschlossen. Aufhebung der Trennung der Konfessionen. Und meine Klasse (ich besuchte die sechste) musste zum Feind wechseln. Zwei Lager saßen sich in einem Klassenraum gegenüber. Wir fühlten uns erniedrigt, die anderen gestört. Der neue Lehrer war neutral. Er kam mit dem Auto aus Pirmasens und wir waren seine erste Klasse, die er nach der Ausbildung unterrichten durfte. Er hieß Herr Peter und rauchte viele Zigaretten, was ich riechen konnte, wenn er sich an meinem Platz zu mir beugte, um etwas zu erklären. Aber das störte mich nicht, er wurde trotzdem mein Lieblingslehrer, auch weil er manchmal sein Auto mit ein paar Schülern vollpackte und mit uns nach Bad Kreuznach ins Hallenbad fuhr. Wenn er die ganze Klasse mal raus bringen wollte, organisierte er einen Bus. Das tat er ziemlich häufig, was meinem Vater nicht immer passte, weil es mit Kosten verbunden war. Aber so lernte ich Boppard kennen, wo wir mit der Sesselbahn fuhren und auf den Rhein guckten. Wir wanderten zum Fernsehturm auf dem Donnersberg, wir bewunderten den Speyrer Dom, wir schauten uns Edelsteine in Idar-Oberstein an und wir standen bei Regen in Koblenz am Deutschen Eck. Wenn wir im Bus saßen, wurde gesungen. Es gab niemanden, der die Mundorgel nicht dabei hatte. Ein kleines, quadratisches Textheft in Rot.

Jetzt fahrn wir übern See, übern See…Wo mag denn nur mein Christian sein…Oh hängt ihn auf! Oh hängt ihn auf! Oh hängt ihn auf, den Kranz mit Lorbeebeeren!...Die Affen rasen durch den Wald…

Ich konnte nicht immer mitsingen, weil ich einen kompletten selbstgebackenen Sandkuchen in mich reinstopfen musste, der sollte meine Reiseübelkeit überlagern. Das tat er auch, nur wurde mir im Laufe der Klassenfahrt von zuviel Sandkuchen übel, den ich mit einem halben Liter Malzkaffee runterspülen musste.

Die Busfahrer dürften unter dem Krach gelitten haben. Wir taten es nicht, und irgendwie hatten wir das Gefühl zusammen zu gehörten, auch wenn noch kein Evangelischer neben einem Katholiken saß.

Mit denen habe ich mich noch geprügelt, ein Kräftemessen bei jeder Gelegenheit; ich gehörte zu den Starken und das sollten auch alle wissen.

Als meine Freundin Petra und ich erfuhren, dass unser Lehrer Peter das Fräulein heiraten wollte, schmiedeten wir Pläne, wie wir das verhindern könnten. Wir dachten an meine Stärke, aber die Überlegungen gingen alle in eine Richtung, die uns ins Gefängnis gebracht hätten, und so mussten wir uns fügen, dass es ein paar Monate später kein Fräulein mehr an unserer Dorfschule gab.

Frau Peter. Das wäre ich selbst gerne mal geworden.

Wenn im Dorf jemand heiratete, rannten wir Kinder zur Kirche, weil nach der Trauung, wenn Braut und Bräutigam mit der ganzen Verwandtschaft wieder aus der Kirche kamen, ein Kleingeld- und Bonbonregen auf uns niederging. Wir rannten nur nach Feil, in Bingert hatten wir nichts zu suchen, wenn dort die Hochzeitsglocken läuteten.

Das große Los zog man, wenn man auf der Straße angesprochen wurde, ob man nicht das Geschenk zur Adresse der Jungvermählten bringen wollte. Ich wollte immer, und bei mir sammelte sich schon der Speichel im Mund, bevor ich auf die Klingel drückte.

Wartemo, isch geb derr noch e bissje Kuche mit!
Wenn ich danke sagte, tropfte es.

Das war nicht nur ein bisschen, das war eine berauschende Auswahl, die auf dem Pappteller lag. Meistens hat das halbe Dorf mitgebacken, weil man auch irgendwie miteinander verwandt war, und mit einem langweiligen Rührkuchen wollte niemand ins Gerede kommen. Ich glaube, das war ein Kampfbacken mit viel Buttercreme, Nuss- und Mandelfüllungen, Schokolade und Krokantstreuseln.

Bei uns backte mein Vater. Jeden Samstag rührte er den Teig für den Gugelhupf, den es Sonntag zum Frühstück gab und dessen Zutaten er irgendwann zwangsläufig verdoppeln musste. Durch das Backofenfenster konnte man zusehen, wie er aus der zu kleinen Form herauswuchs und sie fast zu verlassen drohte. Zum Gugelhupf gab es Kakao, von dem nie etwas übrig blieb, um den gelben Krug auf dem Kühlschrank aufzufüllen.

Der Sonntag war immer ein Feiertag, an dem wir unsere Sonntagskleider anzogen und meine Mutter manchmal kochte. Dann schwamm das Gemüse in einer weißen Soße, die ich so gerne mochte.

Wenn der Sonntag gleichzeitig Muttertag war, war das ein ganz besonderer Feiertag. Der war meinem Vater wichtig, ich musste bei Kaufmanns Pralinen besorgen, die teuersten sollten es sein, und wir Kinder pflückten auf den Wiesen Blumen und malten Bilder.

An einem Samstag vor Muttertag spielten wir am Friedhof, kletterten auf die dicke Mauer aus rotem Sandstein und genossen die erste Wärme der Maisonne, die sich darin gespeichert hatte. Wir wussten, dass wir noch Blumen suchen mussten, aber keiner wollte sich erheben. Wir sind Gammler, gickelten wir und wir leben in einer Kommune!

Dabei fiel mein Blick auf den Friedhofsmüll, auf die abgeräumten Kränze mit den Plastikblumen und den zerknautschten Schleifen, auf denen die Namen der Hinterbliebenen langsam verblassten. Dazwischen lagen Topfblumen, die im frühsten Frühjahr die Gräber nach dem trostlosen Winter schmückten, jetzt aber den ersten Sommerblumen weichen mussten, obwohl sie noch nicht ans Verblühen dachten.

»Wir holen uns die Blumen vom Friedhofsmüll!« Ich war ganz begeistert von meiner Idee und richtete mich hellwach auf.

Und dann kletterten wir auf den Berg aus Kränzen, warfen sie beiseite und retteten, was wir für brauchbar hielten. Wir topften um, wir entfernten die welken Blüten und Blätter, wir suchten nach den besterhaltenen Papiermanschetten und wir freuten uns auf morgen, weil meine Mutter Augen machen würde. Noch am Abend schleppten wir alle Töpfe in die Küche, die für meine Mutter verboten wurde, so wie wir zwei Tage vor Weihnachten auch nicht mehr ins Wohnzimmer durften.

Den Tisch für das Frühstück deckte mein Vater immer schon am Abend, und da, wo noch Platz war, stellten wir einen Blumentopf hin. Wir stellten Blumentöpfe auf die Fensterbank, auf den Kühlschrank und auf die Abstellfläche der Eckbank. Unsere Küche sah aus wie ein Blumenladen, mein Vater lobte uns und legte die Schachtel mit den Pralinen auf den Frühstücksteller meiner Mutter.

Die schlug die Hände vors Gesicht, als sie am Morgen zum Frühstück kam, wo wir alle schon erwartungsvoll am Tisch saßen. Das sei ja ein Wahnsinn, sagte sie (das sagte sie immer, wenn sie überrascht wurde) und wo wir denn all die schönen Blumen herhätten.

»Vom Friedhof«, sagte Eva, obwohl wir abgesprochen hatten, es nicht zu verraten.

Das sei ja ein Wahnsinn, wiederholte meine Mutter, aber ich glaube, diesmal meinte sie es anders!

Wie lange saß ich schon oben im Birnbaum? Ich sah die Sonne auf dem Rücken des Lembergs thronen, wenn ich meinen Kopf nach links drehte. Sie würde gleich verschwinden, aber vorher musste es vom Kirchturm sechsmal schlagen. Ich fing an zu frieren in meinem lila Wollpullover, der in den nächsten Tagen in einem der vielen Koffer verschwinden und mit allen anderen Winterkleidern den Sommer auf dem Speicher verbringen würde. Aber vorher kommen die Sommersachen in der Küche auf den Tisch, in der es auch Tage später noch nach Mottenkugeln stinken würde. Wir liebten alle diese Prozedur, es war wie Geschenkeauspacken, weil wir uns an vieles nicht mehr erinnerten. Aber wenn wir uns erinnerten und das Lieblingskleid oder die Lieblingsbluse nicht mehr passte, wurde getrauert. Dann versuchten wir mit Gewalt die Reißverschlüsse hochzuziehen oder die Knöpfe zu schließen. Das Kopfschütteln meiner Mutter war dann wie ein Todesurteil. Es wurde vererbt. Von oben nach unten. Und weil ich ganz oben stand, musste ich immer nur abgeben.

In diesem Jahr wahrscheinlich alles. Wegen dem neuen Busen. Ich sei überhaupt geschossen, sagten meine Eltern. Geschossen …

Die Mädchen aus der Achten standen auf und klopften ihre Schürzen und Röcke glatt, als ein paar

Jungen vorbeikamen und mit zwei Fingern im Mund pfiffen. Die Mädchen lachten und drehten sich weg. Wahrscheinlich wegen der Liebe.

Albert aus meiner Klasse hat mir vor ein paar Tagen einen Zettel zugesteckt. **L. d. m.?** stand drauf und darunter waren zwei Kästchen mit *ja* oder *nein.* Da sollte ich ein Kreuz machen. Petra sagte, das hieße *Liebst du mich?*

Albert kommt aus Bingert. Er hat fast schwarze Haare und ein bisschen Bart über der Oberlippe. Auf den Härchen stehen manchmal kleine Schweißtropfen. Das finde ich ekelig.

Den Zettel habe ich noch. Ich glaube, morgen mache ich ein Kreuz. Bei *Ja.* Warum, weiß ich eigentlich nicht.

Auf über 176 Seiten habe ich einen Ausflug in meine
Kindheit gemacht.
„Oma, noch ne Geschichte!“
Von klein auf forderte mich meine älteste Enkelin
Adriana immer wieder auf zu erzählen. Mittlerweile
habe ich fünf Enkelkinder, die es lohnend machten,
alles aufzuschreiben.

Mein Dank gilt nicht nur Adriana, die mir durch uner-
müdliches Fragen beim Ausgraben der Erinnerungen
half, es gibt noch andere liebe Zuarbeiter, die ich
nicht unerwähnt lassen möchte:
Karin Osten, Andrea Silvestri, Wilfried Schönberger
und mein Mann, der nimmermüde Probeleser!

Bevor ich mich mit der Vergangenheit beschäftigte,
kümmerte ich mich in meinem ersten Buch „Zuweilen
singt die Callas.“ um die Gegenwart, unserem Aben-
teuer zum Landhaus in Italien.

Besuchen Sie mich auf meiner Autorenseite
@zuweilensingtdiecallas

und folgen Sie meinem Blog, in dem ich unter ande-
rem von meinem Alltag in Italien erzähle.
mariahellmann.de